정채봉전집중단편 2

가시넝쿨에 돋은 별

정채봉 전집 중단편 2
가시넝쿨에 돋은 별

정채봉 글 · 김동성 그림

샘터

유대철 (1826~1839)
13세의 나이에 고문 14회, 태형 600대, 치도곤 45대 이상을 맞았지만 신비하게도 기쁜 얼굴로 살아 있어 형리가 옥안으로 들어가 상처뿐인 이 가련한 소년의 목을 노끈으로 잡아매어 죽였다고 되어 있다. 그 후 150년이 흐른 1984년, 교황 바오로 2세에 의해 가톨릭 교회의 최고 반열인 성인에 이르게 되었다.

유진길 (1791~1839)
소년 성인 유대철의 아버지. 로마 교황청에 서신을 보내 조선 교회의 상황을 알리고 주교 파견을 요청하였다. 한국 최초의 신부이자 순교자인 김대건 신부에게 중국어를 가르쳐주고 중국 마카오 신학교에 유학을 시켰다. 1839년 기해박해 때 서울 서소문 밖 형장에서 순교하였다. 1884년 로마 교황에 의해 김대건 신부와 함께 시성(諡聖)되었다.

†

삼가
(형)님아버님께 올립니다.
-93. 10. 20
정 완지 드림.

차례

어디에서 왔습니까? • 8

하늘의 인연 • 34

마음이 시키는 대로 • 56

아버지의 뒤를 따라 • 80

나무야, 죄가 많은 나무야 • 98

작은 예수님 • 124

너 있는 곳에 • 158

작가의 말 • 176
작가 소개 • 180
정채봉의 연보 • 183
정채봉의 작품들 • 185

어디에서 왔습니까

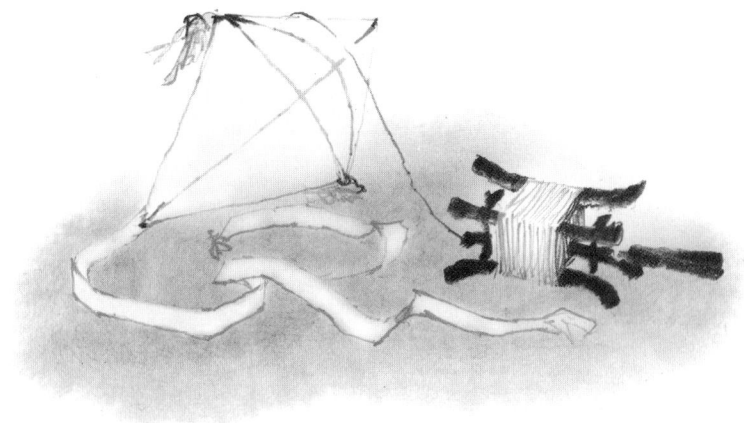

이상한 일이었다.

돌풍이 갑자기 불어 온 것도 이상했고, 다른 연들은 다 주저앉았는데 대철이와 문수의 연만 남아 있는 것도 이상했다.

대철이와 문수의 연은 하늘 멀리 까맣게 떠 있었다.

"와, 최고다. 대철아, 자새의 실을 약간만 풀어. 풀란 말이야."

"문수야, 연줄을 한번 잡아당겨서 올려. 그래, 됐어."

아이들은 완전히 두 패로 나뉘었다.

한쪽에서 대철이를 부르면 반대편에서는 문수를 부르

면서 함성을 질렀다.

"문수야, 대철이 연한테 싸움 걸어. 걸어!"

"대철아, 물러서지 말아. 뭐가 무서워서 그래? 끊어 버려!"

대철은 윗니로 아랫입술을 꼭 깨물었다. 그도 사실 문수한테만은 지고 싶지 않았다.

문수는 아버지가 포도대장이라고 너무도 뻐기고 다녔다.

제기차기를 할 때는 억지를 부려서 저 좋을 대로 순서를 바꾸고, 자치기를 할 때는 매번마다 서너 자씩은 건성으로 집어 먹어 버리는 문수였다.

특히나 대철이와 친한 한조를 종의 자식이라고 업신여겼다. 지나가면 발을 걸어 넘어뜨리지를 않나, 말 흉내를 내라 하고 올라타지를 않나.

대철이는 자새를 잡은 손에 힘을 주어 버티면서 논두렁 밑에 쭈그리고 앉은 한조한테로 고개를 돌렸다.

몸집이 작은 한조. 횟배를 앓고 있어서 얼굴빛이 노란 한조 얼굴은 수수깡 울타리 가의 해바라기처럼 하늘을 우러러보고 있었다.

'그래, 한조는 지금 내 연한테 온 마음을 달아매고 있다. 내 연이 문수 연을 밀어 내 버리기를 간절히 바라고 있는 것이다. 그것이 한조의 분을 푸는 길이다.'

대철이는 팔목에 힘을 주어서 다가오는 문수의 연을 정면으로 받았다.

와, 하고 아이들은 함성을 질렀다.

연줄이 활시위처럼 팽팽해졌다. 대철이는 발뒤꿈치를 들었다.

문수가 자새의 실을 풀어 내면서 옥니를 드러내 보이며 웃었다.

대철이는 외면을 하고 하늘을 보았다. 언제 흘러들어 왔는지 흰구름 한 점이 병풍처럼 연 뒤로 펼쳐져 있었다. 그런데 대철이한테만 그렇게 보이는 것일까.

구름의 모양이 쟁기를 진 농부의 모습 같았다. 위로 솟고 양쪽으로 비어져 나온 형태.

'아니다! 저건 쟁기를 진 농부의 모습이 아니다. 저건, 저건……'

대철이는 가슴 속으로 돌멩이가 '첨벙' 하고 날아와 떨어지는 것을 느꼈다.

그때였다. 한쪽의 좋아하는 함성과 한쪽의 탄식하는 소리가 함께 터졌다. 아이들 중의 몇몇은 벌써 언덕을 뛰어내리고 있었다.

대철이가 구름한테 정신이 팔려 있는 사이를 놓치지 않고 문수의 연줄이 대철의 연줄을 끊어 놓은 것이다.

흐물흐물 사라지는 연을 향하여 대철이는 뛰었다. 뒤에서 문수 패들이 뭐라고 비웃는 소리를 했지만 대철이는 뒤도 돌아보지 않았다. 어떻게 해서라도 연을 찾고 싶었다. 모처럼 아버지가 만들어 주신 연이 아닌가 말이다.

연은 서소문 쪽으로 흐르고 있었다. 연만 보고 달리느라고 대철은 발에 나무 뿌리가 걸리는 것을 보지 못했다.

넘어져 있는 대철이한테 내미는 손이 있었다. 한조였다.

일어난 대철이의 옷을 털어 주면서 한조가 물었다. 연

은 이미 어디로 사라졌는지 보이지 않았다.

"아까 자새는 당기지 않고 뭘 보았어?"

"구름 보았지."

"구름이 어째서?"

"넌 안 보았니?"

"뭘?"

"구름이 이상했어…… 내 눈에는 십자가처럼…… 십자가처럼 보였어."

"뭐라고? 대철아, 너 지금 무슨 말을 하고 있는 거야?"

대철이는 황급히 고개를 저었다. 금방 한 말을 떨쳐 버리기나 하려는 것처럼.

"아무것도, 아무것도 아니야. 한조야, 우리 연이나 찾으러 가자. 그 연은……"

아버지가 만들어 주신 연이라고 말하려던 대철이는 순간 입을 다물었다. 어디선가 북 울리는 소리가 들려왔던 것이다.

북은 천천히 아주 음산하게 울리고 있었다. 갑자기 바람을 정지시키는 듯 주위가 고요해졌다. 해가 구름 속으로 들어갔다.

"무슨 일이 있는가 봐. 종로 쪽에서 들려 오고 있어."

"그래. 우리 한번 가 보자."

두 소년은 달렸다. 5월인데도 날씨는 무더웠다. 땀을 훔치면서 거리에 나와 보니 길 양편에는 사람들이 하얗게 늘어서 있었다.

한조는 어른들의 가랑이 사이로 해서 앞으로 나갔다. 그러나 대철이는 그렇게 할 수가 없었다. 양반은 곧 죽어도 개구멍을 이용해선 안 된다는 아버지의 주의말이 생각났기 때문이었다.

대철이는 주변을 둘러보았다. 마침 저만큼 떨어져 있는 곳에 수양버들 한 그루가 서 있었다. 대철은 달려가서 나무 위로 올라갔다. 그러자 길이 환하게 내려다보였다.

행렬은 천천히 나타났다. 맨 앞에 나타난 것은 말을 탄 포장이었다. 그 다음에는 창을 세워 든 포졸들이 두 줄로 따르고 있었다. 포졸들 뒤를 곧 이어 나무 수레가 나타났다.

나무 아래에서 주고받는 어른들의 말을 대철이는 들었다.
"형장으로 가는 죄인들이군."
"무슨 죄를 지었기에 저렇게 참수를 받으러 가는고?"
 순간 수레 속을 살피던 대철이는 저도 모르게 '아' 하고 비명에 가까운 소리를 질렀다. 수레 속의 형틀, 두 팔을 묶고 상투를 풀어 헤쳐 붙들어 맨 십자가가 연이 떠올랐던 하늘에서 본 구름 모양과 꼭 같았던 것이다.
 첫 번째 수레에 탄 할아버지는 한 번도 본 적이 없는 것 같았다. 그러나 두 번째 수레에 탄 아저씨는 금방 알아볼 수 있었다. 그는 틀림없는 남 회장 아저씨였다. 얼굴이 퉁퉁 부어 있었으나 당나귀 귀처럼 큰 귀로 단번에 알아볼 수 있었다.
 세 번째 수레가 지나갔다. 거기에는 성물을 만들어 내던 마음씨 좋은 권 베드로 아저씨가 타고 있었다.
 '아아, 하느님, 어쩌면 좋아요?'
 대철은 나무에서 내려왔다. 손과 발에 힘이 빠져서 더이상 나무를 붙들고 있을 수가 없었다.

"잘한다! 천주쟁이들은 모두 죽어야 해!"

갓을 쓴 노인이 지팡이를 휘두르며 소리질렀다. 누군가가 수레를 향하여 돌을 던졌다.

돌은 마침 지나가던 맨 마지막 수레를 맞혔다. 옆구리를 맞은 수레 속의 여인이 고개를 들었다.

간신히 어른들 틈을 비집고 나선 대철이가 여인의 얼굴을 보았다.

"대궐 아줌마!"

대철이는 기어이 소리를 내고 말았다. 수레 속의 박루치아 아줌마가 대철이를 알아보았는지 뭐라고 입을 열 듯하다가 다물었다. 시선만이 별빛처럼 건너왔다.

"아줌마……."

대철이의 목소리는 이내 울음으로 잠기었다. 한조가 옆에서 붙들지만 않았더라면 수레 앞으로 달려갔을 것이었다.

"이놈도 천주쟁이인 모양이지?"

구경꾼 속의 사팔뜨기 사내가 대철이를 보며 혀를 찼다.

대철이가 뭐라고 대꾸를 하려는데 한조가 막고 나섰다.

"아냐요. 저 아줌마하고는 그냥 아는 사이일 뿐이에요."

대철이는 한조가 잡는 옷소매를 뿌리쳤다. '거짓말쟁이야, 난 저 아줌마하고 그냥 아는 사이가 아니야. 잘 아는 사이란 말이야.' 이렇게 말하려는데 한조의 손이 길 건너편을 가리켰다.

거기에는 언제 왔는지, 문수와 문수한테 항시 붙어 다니는 아이 몇이 서 있었다. 그들은 일제히 돌을 던졌다. 그들로부터 던져진 돌이 저만큼 굴러가고 있는 수레를 맞혔다.

그 중의 돌 하나에 박 루치아 아줌마의 머리가 터졌다. 피가 이마를 적시고 뺨으로 흘러내렸다. 그러나 대궐 아줌마는 꿈쩍하지 않았다.

문수 패들의 웃음소리가 자글자글 일어났다. 그 주변의 어른들도 따라 웃었다.

대철의 눈앞에는 문득 박 루치아 아줌마의 지난날 모

습이 떠올랐다. 때로는 미사를 보러 가서 만나기도 했었고, 어떤 때는 아버지의 심부름으로 아줌마가 살고 있는 큰살리못골로 찾아가서 보기도 했었다.

만날 때마다 대궐 아줌마는 목단꽃 같은 얼굴로 맞아 주시면서 말하곤 했다.

"하늘나라에 가서 대철이 도령 같은 착한 아들과 이웃이 될 것을 생각하면 벌써부터 가슴이 뛰어요."

언젠가 한번은 대철이가 새를 잡아서 조롱 속에 가두어 가지고 간 적이 있다. 그때 대궐 아줌마는 조롱의 문을 열어 새를 날려 보내면서 말했다.

"나는 새는 나는 것이 곧 살아 있음이에요. 그런데 이렇게 가두어 놓으면 살아 있어도 곧 죽은 것이나 마찬가지지요."

아, 그런데 지금은 아줌마가 그 날의 새처럼 조롱 속에 갇혀서 가고 있지 않은가. 하느님, 날려 보내 주세요.

그러나 수레는 서소문에 있는 형장을 향하여 앞으로 앞으로 나아가기만 했다.

대철은 수레를 따라 형장에까지 구경을 가는 사람들

속에 끼어서 걸었다.

"아이들은 이런 걸 보는 게 아니야."

어른들이 말렸지만 대철이와 한조는 듣지 않았다. 서소문의 가파른 언덕길이 나타나자 한조가 발을 멈추었다.

"난 돌아갈래."

"왜?"

"무서워."

"여기까지 왔는데?"

"난 싫어."

한조는 고개를 설레설레 저으면서 뒷걸음질을 쳤다. 이내 한조는 어디론가 사라지고 없었다.

대철이는 혼자서 서소문 언덕으로 올라갔다. 언덕 위에서는 술 취한 희광이가 칼춤을 추어 대고 있었다.

이제까지 말을 타고 있던 포장이 내려섰다. 수레 안에 있는 사람들에게 다시 한 번 묻는 것 같았다.

"하느님을 모른다고 해라. 그러면 지금이라도 늦지 않았으니 살려 주겠다."

수레 안의 사람이 고개를 저을 때마다 포장은 칼을 들고 번쩍여 대는 희광이를 향해 고개를 끄덕여 보였다. 그러면 희광이는 수레 속의 사람이 깔고 앉았던 널빤지를 빼내고는 '철썩' 하고 말 엉덩이를 후려갈겼다.

울퉁불퉁 돌길을 요란한 소리를 내며 내려가는 수레. 그 어느 고통이 이보다 진할 수 있을까.

씨름판을 둘러쌌을 때처럼 형장도 둥글게 사람들이 테를 이뤘다.

북 소리가 둥둥 울려 퍼지기 시작했다. 해가 나왔다가는 다시 구름 속으로 들어갔다.

세 번째의 수레에서 권 베드로 아저씨가 끌려 내릴 때였다.

대철이는 권 베드로 아저씨의 허리춤에서 무엇인가가 떨어져 내리는 것을 보았다. 아주 작은 것이었기 때문에 포졸은 못 본 것 같았다.

대철이는 허리를 구부리고 달려가서 얼른 그것을 주워서 옷 속에 감추었다.

형장 한가운데로 첫 번째 수레에서 내린 할아버지가

끌려 나왔다. 양손에 칼을 든 희광이가 입에서 술을 '푸 푸' 뿜어 대며 칼춤을 추기 시작했다. 빙글빙글, 너울너울 돌더니 갑자기 칼이 들려졌다.

대철이는 눈을 감았다.

"아!"

짧은 비명 다음에 눈을 떴다.

그러나 할아버지는 칼을 설맞고 엎드려 있었다. 희광이가 손을 벌리고 구경꾼들 앞을 한 바퀴 돌았다.

이때 대철의 뒤에 삿갓을 쓴 사람이 엽전을 한 꾸러미 던져 주면서 말했다.

"저승 노자 드릴 테니 편히 좀 가게 해 주구려."

귀에 익은 목소리였다. 대철은 고개를 돌렸다. 삿갓을 쓴 사람이 대철의 손목을 거머쥐었다.

"돌아가자."

대철은 아버지가 여기에까지 오리라고는 꿈에도 생각하지 못하고 있었다. 아침에 대철이가 연을 챙겨 들고 집을 나섰을 때 아버지는 한강으로 낚시를 가겠다고 낚싯대를 어깨에 메고 나갔지 않았는가.

"아버지는 언제 오셨어요?"

그러나 아버지는 아무 대답도 하지 않았다. 개울을 건너서야 형장 쪽을 돌아보며 성호를 긋고 가슴 앞에 두 손을 모았다.

대철은 형장 바로 옆에 서 있는 커다란 은행나무를 보았다.

그 은행나무에는 낮에 문수하고 연싸움을 하다가 놓친 연이 신기하게도 걸려서 조용히 엎드려 있었다.

"예수님."

기우는 아들의 몸을 아버지가 받쳐 안았다.

대철이의 아버지 유진길.

그는 조정에서 일이 있을 때면 중국에 내보내는 역관으로 1년이면 한두 번씩 북경을 다녀오곤 했다.

대철이의 아버지는 원래 말수가 적은 편으로 무엇 하나 헛보지 않는 꼼꼼한 성격을 지니고 있었다. 그리고 무슨 생각에 한번 빠졌다 하면 옆에서 꽹과리를 쳐도 고개를 드는 일이 없는 사람이었다.

그가 천주교에 들게 된 동기 또한 남다른 것이었다. 그러니까 가을 햇볕이 금모래마냥 싸락싸락 내리던 가을날 오후였다.

대철이의 아버지는 그 날 친구의 죽음 소식을 듣고 아주 쓸쓸해 있던 참이었다.

'며칠 전에도 함께 낚시를 다녀오지 않았는가. 강변에 앉아서 조정 대감들의 썩음을 한탄하던 목소리가 아직도 쟁쟁한데 도대체 그는 어디를 갔단 말인가. 삶은 무엇이고 죽음은 무엇인가. 혹시 우리는 긴 꿈을 꾸고 있는 것이 아닐까. 죽은 그는 꿈에서 깨어난 것이고 정작 내가 죽음 속에서 헤매고 있는 것이 아닐까. 그렇다면 꿈을 꾸게 하는 이는 누구이며 꿈을 깨게 하는 이는 누구인가. 그이를 한번 만나고 싶다.'

이런 여러 생각에 시달리고 있는 그한테 책궤를 바른 헌 종이가 눈에 띄었다. '영혼과 생혼' 거기에는 이 간단한 글귀가 적혀 있었다.

대철이의 아버지는 그때 벌떡 일어났다. 심상찮은 글귀가 있는 헌 종이를 조심해서 책궤에서 뜯어 냈다. 잘

뜯기지 않는 부분은 물을 뿌려서까지 발라 냈다. 그리하여 뜯어 낸 종이 몇 장을 조심조심해서 맞추어 보았을 때 그는 깜짝 놀랐다. 사람의 혼에 대하여 적혀 있는 그 종이는 조정에서 보는 것을 금지시키고 있는 '천주실의'라는 책의 일부분이었던 것이다.

'임신한 여인이 감옥 속에서 아기를 낳아 곧바로 자라나게 되면 그 아기는 해와 달을 알지 못하는 것과 같습니다. 산과 물과 인물의 아름다움을 알지 못합니다. 다만 커다란 등잔불을 태양으로 삼고 작은 등잔불을 달로 여깁니다. 옥중의 사람들로써 이 세상을 삼아 더할 것이 없습니다. 그러므로 감옥 안 고통을 느끼지 못합니다. 혹은 쾌락으로 여기고 출옥할 생각을 하지 않습니다. 그러나 아기의 어머니가 해와 달의 찬란하고 은은한 빛이며 귀족의 화려한 꾸밈, 세상의 여러 가지 아름다움이며 수만 리의 넓고 큼을 설명하면 뒤에야 감옥의 등불이 해가 아니고 달이 아니라는 것을, 감옥의 고통과 묶여 사는 이 더러움을 알게 됩니다.

결국 다시는 감옥 속에서의 삶을 진정한 편안으로 여기지 않습니다.'

샘 줄기처럼 솟아나오는 혼에 대한 궁금증을 대철이 아버지는 마음 속에 그냥 구겨 넣고 있을 수만은 없었다. 그 날 밤부터 당장 천주학에 대하여 알고 있을 만한 사람들을 비밀리에 찾아 나섰다.

그땐 이미 왕궁으로부터 박해의 칼날이 세워져 있었기 때문에 누구 하나 선뜻 천주를 안다고 나서는 사람이 없었다. 간신히 거의 빌다시피 하여 시종의 아들 정귀산으로부터 홍 서생을 소개받은 것만 해도 은총이었다.

홍 서생한테서 천주책 세 권을 빌려 가지고 돌아오는 길에서 대철의 아버지는 쌍무지개를 보았었다. 비가 지난 것 같지도 않았는데 쌍무지개는 북경의 구름다리처럼 남산 허리에 걸쳐져 있었다.

'무지개가, 그것도 쌍무지개가 떠오르다니……'

이는 하늘이 보이는 표지라고 그는 받아들였다. 물에서 막 잡혀 나온 고기처럼 벌떡벌떡 뛰는 가슴을 누르며 대철이 아버지는 무지개가 쌍이라는 것에 대하여 생각했다. 그러나 그것은 좀체로 풀리지 않는 수수께끼로 남았다.

그런데 그 수수께끼가 이제야 풀리고 있는 것이다. 자식들 중에서 몸이 약하다 싶은 대철이가 아버지인 그를 따라서 영세를 받은 것이다.

이 땅의 아버지들은, 대개가 자기 자식들에게서 자기에게 이미 사라지고 없는 희망을 보고 싶어한다. 아버지가 이루지 못한 꿈의 완성을 아들한테 기대한다.

권세에 분함을 당한 아버지는 아들이 권력자가 되기를 바라고, 돈에 억눌린 아버지는 아들이 돈 잘 벌기를 바란다.

대철이 아버지는 좀 억센 아들을 소원하고 있었다. 그것은 자신이 강하지 못해서 느껴지는 성정 때문이었다.

혼자 앉아서 생각하는 것보다는 사람이 많은 곳에 나가서 떠드는 아들, 몸싸움에 져서는 울고 돌아오는 아들이 아니라 이로 물어 주더라도 울지 않는 아들, 금방 입고 나간 새 옷을 흙탕물에 버리고 돌아와도 좋으니 개구쟁이로 마음껏 뛰며 자라 주기를 바랐다.

그러나 그의 아들 대철이는 아버지를 쏙 빼서 닮고 있었다. 아니, 그의 아버지보다 한 걸음 더했으면 더했지 못하지 않았다.

꽃을 보고 생각에 잠기면 아예 꽃 속으로 빠져 들어갔고, 개울가에 앉아서 하루 해를 지우고 들어오는 날이 많았다. 제 또래 아이들하고 어울려서 노는 것보다도 돌담 가에 쪼그리고 앉아서 남들이 노는 것을 지켜보는 편이었다. 그리고 혼자서 두 사람 얘기를 하고 노는 일이 흔했다.

"어디서 왔습니까?"

"알아맞혀 보세요."

"강을 건너왔겠지요?"

"맞습니다."

"산도 넘었겠지요?"

"맞습니다."

"손과 발이 있는가요?"

"있습니다만 보이지가 않는다고 불평하는 사람들이 많

지요."

"어디에서 오래 머뭅니까?"

"나뭇잎에, 그리고 갈대밭과 물결 위에."

자는 척, 벽을 보고 누웠던 아버지가 아들 쪽으로 몸을 돌렸다.

"그게 무엇이란 말이냐? 강을 건너 산을 넘어 손발을 숨기고 나뭇잎에, 그리고 갈대밭과 물결 위에 오래 머무는 것이."

대철이는 이제껏 그것도 모르고 있었느냐는 듯 아버지를 빤히 쳐다보면서 입을 열었다.

"바람이잖아요."

바람, 그래, 하늘 안에서 불려 오고 불려 가는 바람, 그 바람처럼 미련 없이 살아야 하는 것이 이 세상살이가 아닐까. 이렇게 아들로부터 깜짝깜짝 놀람을 당하는 일이 많은 아버지였다.

성모님의 얘기를 들려 주면 대답 소리보다도 먼저 얼굴 가득히 미소가 번지는 아이. 예수님의 고통을 들려 주면 표정보다도 먼저 눈물이 솟는 아이.

공소에서 '십자가의 길'을 걸을 때 이런 일이 있었다. 7처에서 예수님이 두 번째 넘어지시는 것을 묵상한 대철이가 움직이려 하지를 않았다.

아버지가 조용히 물었다.

"대철아, 왜 그러니?"

그러자 대철이의 눈에서는 금방 눈물이 솟아났다.

"아버지, 예수님이 너무 많이 지치셨어요. 한참 쉬었다 가요."

한번은 또 이런 것을 보기도 했다. 달이 밝은 밤이었다. 사랑방에서 아버지가 나와 보니 아들이 뜰에서 물구나무를 서고 있었다. 그러다가는 '뽕' 하고 방귀를 소리 나게 뀌고는 배나무를 보고 헤헤헤 웃었다. 달빛이 교교히 흐르는 배나무에는 배꽃이 하얗게 피어 있었다.

아버지가 뜰로 내려가서 물었다.

"대철아, 지금 너 무엇 하고 있니?"

그러자 아들은 바로 서서는 뒷머리를 긁으며 말했다.

"아버지, 저 배나무 그루터기에 예수님이 앉아 계세요. 내가 방귀를 뀌니까 '아유, 냄새.' 하면서 코를 잡고 웃으셨어요."

때마침 불어 오는 소슬바람에 배나무 가지가 흔들렸다. 꽃도 흔들렸고 달빛도 흔들렸다. 마치 꽃도 달빛도 배를 거머쥐고 웃는 것 같았다.

아버지는 성호를 그었다. 성부와 성자와 성신의 이름으로. 아멘.

하늘의 인연

대철이는 한참 만에 눈을 떴다. 눈을 떴을 때 대철이는 자기가 아버지의 무릎 위에 뉘어져 있는 것을 알았다.

 아버지는 멀거니 하늘을 바라보고 있었다. 근래에 부쩍 볼이 파이고 턱이 길어진 아버지의 얼굴이었다.

 대철이도 아버지가 바라보는 하늘 쪽으로 눈을 주었다.

 널려 있던 구름은 그동안에 어디로 다 사라졌을까?

 파란 하늘 서쪽으로 태양만이 기울고 있었다. 바람도 자고 없었다. 새 한 마리가 까만 티끌처럼 나타났다가는

폴폴폴 하늘 속으로 흔적 없이 사라져 버렸다.

아버지가 한숨을 섞어서 말했다.

"너무도 조용하구나."

그렇다. 너무너무 조용하다.

예수님의 이름으로 하얀 모래펄에 붉은 피가 스며들고 있는데 이렇게 조용할 수가 있는가. 함성이라도 들려와야 한다. 아니면 통곡이라도.

그리고 하늘은 마땅히 노여워해야 한다. 저 죄 없는 사람들이 칼을 받고 있지 않는가. 번개를 치고, 천둥을 때려서 희광이들을 놀라게 해 주어야 한다.

그러나 하늘은 왜 이다지도 무심한가. 5월의 푸른빛이 조금도 덜하지도, 더하지도 않으니.

대철이는 몸을 일으켰다.

"아버지."

아버지가 고개를 돌렸다. 텅 비어 있는 눈이었다.

"그래, 이제 정신이 좀 드니?"

"네, 괜찮아요. 아버지, 그런데 한 가지 여쭈어 보고 싶어요."

"그래, 말하렴."

"'명심보감'에 이런 말이 있잖아요. 오이 씨를 심으면 오이가 열리고, 콩을 심으면 콩이 나서 콩이 달린다. 누구도 오이 넝쿨에 콩이 달리게 할 수 없고, 콩나무에 오이가 달리게 할 수 없다고. 그런데 아버지, 오늘 칼 아래 스러진 저분들은 그렇지가 않잖아요? 착하게 살고자 했었지요. 하느님을 공경하고 예수님을 믿었어요. 그것이 무슨 죄가 되는가요? 선을 행하고도 칼을 받는 것이 오이 심은 데 오이가 나오는 것인가요?"

"넌 '명심보감'의 그 다음 문장을 생각하지 않는구나. 천망天網이 회회恢恢하여 소이불루疎而不漏니라. 우리는 하늘이라는 크고 넓은 그물 안에서 살고 있는 것이야. 이 하늘의 그물은 넓고 엉성하여 나갈 구멍이 얼마든지 있을 것 같지만 실은 아무도 빠져 나가지 못한단다. 그러니 자기가 심은 선과 악의 씨앗에 따라 하늘나라에 가서 상과 벌의 열매를 스스로 거두는 것이야."

"하늘나라……. 아, 하늘나라에 가서……."

대철이의 눈이 갑자기 빛났다.

그때 아버지와 아들은 멀리서 들려 오는 어미소의 울음소리를 들었다. '음매애 음매애' 하고 길게 부르는 소리에 송아지는 짧게 대답하고 있었다. '음머 음머' 하고.

대철이는 콧등이 쿡 우려 오는 것을 느꼈다. 뿌옇게 흐려지는 눈으로 아버지를 올려다보았다.

아버지의 뺨에도 물기가 흐르고 있었다. 그것은 대철이가 처음 보는 아버지의 눈물이었다.

"자, 일어나거라."

아버지는 아들의 옷을 털어 주면서 말했다.

"진고개에 있는 큰아기네 집에 가서 기다리고 있거라. 난 형장에 한 번 더 갔다 와야겠다."

"형장에는 왜 또 가세요?"

"난 할 일이 따로 또 있단다."

아버지는 무엇을 잊고 있었던지 황급히 삿갓 끈을 고쳐 매고 형장으로 향했다.

대철이는 아버지의 등 너머로 멀리 보이는 형장을 바라보았다.

아직도 처형이 끝나지 않았는지 구경꾼들은 여전히 잡풀처럼 무성해 있었고, 희광이들 또한 괴석처럼 우뚝우뚝 서 있었다.

이번에는 은행나무에 걸려 있는 연한테로 눈을 주었다. 간혹 바람이 불 때면 풀잎과 함께 일어섰다가는 바람이 자면 가만히 풀잎처럼 엎드리는 연. 연도 흐느끼고 있는 것일까.

대철이는 천천히 진고개 쪽으로 걸으면서 허리춤에 손을 넣었다. 그러자 형장에서 권 베드로 아저씨가 떨어뜨렸던 물건이 손에 잡혔다.

대철이는 그것을 꺼내 손바닥 위에 놓았다. 그것은 삶은 콩을 말려서 구멍을 신기하게 뚫어 꿴 묵주였다. 아마도 감옥에 갇혀 있으면서 주먹밥 속에 어쩌다 섞여 나오는 콩을 가려서 말려 두었다가 만들었는가 보았다.

그러나 정작 대철이의 가슴을 푹 찌른 것은 십자가였다.

보리밥에 지푸라기를 섞어 침으로 반죽을 해 이기고 이겼을 것이었다. 그리하여 수많은 한숨과 기도와 별빛으로 말려서 굳게 한 아, 십자가.

감옥에 갇혀서 묵주를 만든 아저씨의 모습이 눈앞에 떠올랐다. 쪼그려 앉은 모습. 목에는 큰 칼이 씌워져 있었을 것이다. 곤장을 맞고 주리를 틀린 몸에서는 피가 흐르고, 파리들이 날아들었겠지.

그 고통을 어떻게 견뎌 낼 수 있었을까. '나는 아니오. 나는 예수를 믿지 않으오.' '이젠 그를 모르오. 이제도, 앞으로도, 영원히.' 매에 못 이겨, 그리고 주림에 못 이겨 한 마디씩 한 사람들이 나갈 적마다 열리는 넓은 문. 그 밖으로 보이는 푸른 들과 하늘 높이 나는 새들.

그렇다. 이제 칼을 받은 저분들은 좁은 문을 택한 이들이다. 지금은 저들의 발길에 함부로 차이는 돌멩이지만 이후에는 별이 되어 떠오를 것이다.

순간 대철이는 묵주에서 불 같은 뜨거움을 느꼈다. 저도 모르게 손바닥을 털자 묵주는 풀숲으로 떨어졌다.

대철이는 걸음을 멈추고 형장 쪽을 돌아보며 생각했다. 금방 그 뜨거움은 권 베드로 아저씨가 이 땅에서 마지막 쉰 숨이 아니었을까.

서편에 노을이 떠오르고 있었다.

대철은 묵주를 집어 들었다.

묵주는 시신처럼 싸늘하게 식어 있었다. 대철은 하늘을 보았다. 붉은 노을 안쪽으로 줄을 지어 날아가는 새들이 있었다. 오늘 형장에서 떠오른 영혼들일까.

대철은 묵주 신공을 하면서 걸었다. 대장간에서 쇠를 때리는 소리도 들려 왔다. 말방울 소리도 들렸다. 개가 짖다가는 그쳤다. 노인이 가래가 끓는 기침을 하면서 지나갔다.

대철이가 진고개에 이르렀을 때는 어둠이 제법 깊어 있었다. 반달이 떴기에 망정이지 달마저 없었더라면 골목을 한참 더듬을 뻔하였다.

대철이는 큰아기의 집을 향하여 천천히 걸었다.

큰아기. 대철이와 동갑의 열세 살 나이로 대철이 아버지와 막역한 사이인 박 진사의 딸이다.

두 집안은 먹골에서 담 하나를 사이에 둔 이웃으로 큰아기와 대철은 어린 날을 함께 지냈었다.

장난이 남달리 심한 대철인지라 큰아기를 가장 많이

곯려 주었었다. 물론 큰아기도 만만치 않았었다.

 가령 큰아기가 동네 소녀들과 함께 달구경이라도 갔다 올라치면 골목 어귀에 숨어 있던 대철이네들이 새끼줄을 뱀인 양 구부려 들고 놀라게 하고는 도망하면 사정없이 쫓아와서 대철이의 등을 두들기던 소녀가 큰아기였었다.

 그러나 차츰 나이가 들면서 둘은 얼굴을 돌리고 지나다녀야 했다. 남녀 칠 세 부동석이라는 우리네의 전해져 오는 관습 때문이었다.

 이때부터 두 집안의 어른들끼리는 이런 말이 오가기 시작했다.

"큰아기가 참하게 자라는구먼."

"아, 대철이는 어떻구? 고녀석 얼굴엔 빛이 있어 보이더군."

"어떤가? 우리 서로 사돈 맺을까?"

"거 좋지."

"큰아기가 나이 차거든 우리 집으로 보내 주게나."

"아무렴 대철이만한 사윗감이 어디 있겠나."

이 이야기는 점점 소문이 되어 퍼졌다. 이웃은 물론 어린 대철이와 큰아기의 주변 동무들도 모르는 사람이 없었다.

대철이와 큰아기가 어쩌다 골목에서 부딪치기라도 하면 주변에선 웃음이 일었고, 둘의 얼굴은 홍시처럼 빨개지곤 했다.

그런 중에 대철이와 큰아기가 인연을 느낄 수 있는 일이 생겼다.

그러니까 큰아기네가 이 곳 진고개로 이사하기 바로 앞인 작년 여름이었다. 큰아기는 동생 작은아기와 함께 남산으로 산딸기를 따러 갔었다.

그때 대철이는 대철이대로 한조와 함께 남산 중턱에서 다람쥐를 잡으려고 다람쥐 덫을 놓아 두고 기다리고 있던 참이었다.

다람쥐가 앞발로 세수를 하면서 나타났다. 덫에 놓여 있는 도토리를 보고 다람쥐가 꼬리를 세웠다.

바로 이때 여자의 비명 소리가 났다. 떡갈나무 숲 속에서였다. 다람쥐도 후닥닥 뛰었고, 대철이와 한조도 뛰었다. 보이지 않던 산토끼도 귀를 세우고 뛰었다.

떡갈나무 그루터기에 넘어져 있던 소녀, 그녀는 큰아기였다. 그 옆에는 바구니에서 쏟아진 산딸기가 빨갛게 흩어져 있었다.

"독사가…… 독사가…… 언니를……."

파랗게 질린 작은아기가 말을 더듬거렸다.

대철이는 큰아기의 정강이에서 빨갛게 흘러내리는 피를 보았다.

속옷을 찢고, 독사가 문 자국에 입을 대었다. 힘껏 피를 빨아 뱉었다. 또 빨아 뱉었다.

그렇게 얼마를 했는지 모른다. 대철이가 허리를 펴고 일어나 보니 큰아기의 얼굴에 핏기가 돌아오고 있었다.

대철은 대님을 풀었다. 제 대님으로 큰아기의 정강이 상처를 묶었다. 한조와 작은아기에게 부탁해서 등에 업히게 했다.

큰아기는 생각보다는 가벼운 편이었다. 그러나 대철이 혼자서 큰아기를 업고 내려오기는 무리였다.

중간에서 쉬었다. 한조가 교대하자고 해서 비켰다. 한

조는 대철이보다 등도 넓었고 힘도 세었다.

그러나 한사코 큰아기가 한조의 등을 밀어 내었다. 할 수 없이 대철이가 다시 업을 수밖에 없었다. 쉬고 쉬면서 간신히 큰아기 집에 도착했다.

그 날 이후, 대철이는 간혹 큰아기가 떠오를 땐 등이 따뜻해지는 것을 느끼곤 했다. 그럴 때면 대철이의 가슴은 심하게 두근거렸다.

지금도 그랬다. 큰아기네 집이 보이는 골목에 들어가면서부터 등이 따뜻해지고 가슴이 두근거렸다.

대철은 큰아기네의 대문을 두들겼다. 안에서 신발 소리가 났다.

"누구세요?"

"백골 사는 유 도령입니다."

그런데 이상했다. 예전 같으면 '아, 도련님.' 하면서 활짝 열릴 문이 꿈쩍도 않는 것이었다.

"집 안에 어른이 안 계십니까?"

"잠깐……. 잠깐 기다리세요. 안에 가서 여쭈어 보고 오겠습니다."

신발 소리가 멀어졌다. 그러나 한참을 기다려도 인기척이 없었다. 대철은 화가 나서 '쾅쾅' 대문을 세차게 두들겼다.

한참 만에야 다시 신발 소리가 났다. 여전히 문은 열리지 않은 채 말소리만 대문 틈으로 비어져 나왔다.

"지금 어른들이 아무도 계시지 않은데요."

대철은 돌아섰다. 찬바람이 썰렁하게 겨드랑 밑을 지나갔다.

그렇다. 여기에도 곡절이 있다. 대철은 달무리진 밤하늘을 올려다보았다. 밤안개가 깔리고 있었다.

대철은 허위적허위적 걸었다.

갑자기 다리가 아파 왔다. 배도 고팠다. 마음 같아서는 그만 길거리에 주저앉아 버리고 싶었다. 실컷 울기라도 했으면 속이 좀 트일 것 같았다.

골목길을 걸어 나오는 대철의 뒤를 쫓아오는 사람이 있었다. 장옷을 걸친 소녀였다.

"도련님, 도련님. 잠깐만."

소녀는 달려오느라고 숨이 찬지 말을 잇지 못했다.

"누구신지요?"

대철은 멈춰 서서 상대편을 바라보았으나 어둠과 장옷으로 얼른 알아볼 수가 없었다.

"접니다······."

물기가 축축한 목소리로 보아 큰아기가 틀림없었다.

"들렀다 가십시오. 드릴 말씀이 있습니다."

대철은 '싫소.' 하고 뿌리치고 싶었다. 그러나 어둠 속에서 빤히 쳐다보는 큰아기의 눈을 대하자 차마 그렇게 할 수가 없었다.

어떤 이유로 대문을 열어 주지 않았는지 그것도 궁금했다.

그리고 대철은 따뜻한 방에 다리를 뻗고 쉬고 싶은 충동을 느끼기도 하였다. 그는 사실 너무도 지쳐 있었던 것이다.

아침에 나와서 지금까지 아무것도 먹지 않았다. 연을 쫓아 달렸고 형장에까지 따라갔다. 그리고 거기서 너무도 가슴 아픈 것도 보았고 정신을 잃기까지 했었지 않았는가.

대철은 잠자코 큰아기의 뒤를 따랐다. 담장을 끼고 돌아가자 뒤란 쪽에 나 있는 작은 쪽문이 나타났다.

쪽문을 들어서서 큰아기가 문을 열어 주는 작은방으로 들어갔다. 윗목에 반닫이 하나만 놓여 있을 뿐 단조로운 방이었다.

큰아기는 장옷을 벗어서 횃대에 걸었다. 등잔불 아래서 보는 큰아기의 얼굴은 배꽃처럼 하얗게 보였다.

"저녁 진지 드시지 않았지요?"

큰아기는 이내 바깥으로 나가더니 밥상을 들고 들어왔다.

"수저 소리가 나지 않게 드십시오."

"왜? 내가 도적인가……."

대철은 혼잣말처럼 중얼거렸다. 큰아기의 눈가에 물기가 촘촘히 배어들었다.

대철은 물을 마셨다. 밥을 몇 순갈 들었으나 모래알 씹는 것처럼 꺼끌거렸다.

"어른들이 정말 어디 나가고 안 계신가요?"

"아닙니다. 아버님도 어머님도 다 집 안에 계십니다."

"그런데 왜?"

대철이를 쳐다보는 큰아기의 눈에 금세 눈물이 고이었다.

"저는 오늘 아침에 아버님의 부름을 받았습니다. 아버님께선 도련님과 도련님의 어르신께서 천주쟁이라고 말씀하셨습니다. 그러하니 두 집이 폐가가 되기 전에 혼인 언약을 깨겠노라고……."

큰아기의 볼에 눈물이 흐르고 있었다.

대철은 방바닥의 한 곳을 주시한 채 입을 꾹 다물고 있었다.

"온 조정이 발칵 뒤집혔다 합니다. 천주학쟁이들의 목을 치라는 대비 마마의 호령이 불 같았다고 들었습니다. 도련님. 도련님은 이 무서움을 모르십니까?"

그제야 대철이의 고개가 들렸다. 눈총이 매섭게 쏘아지고 있었다.

"알고 있어요. 지금도 바로 그 서소문 형장에서 오는 길이에요."

"그렇다면 도련님, 그 천준가 뭔가를 한시 바삐 버리십

하늘의 인연 · 51

시오. 지금이라도 늦지 않았습니다. 그것을 버리면 우리의 연분은 성하게 됩니다."

"하잘것없는 사람의 인연을 맺기 위하여 하늘의 인연을 버리란 말이오?"

큰아기는 놀랐다. 올해로 열세 살, 이제껏 어리다고 보아 온 대철의 대답이 너무도 당찼던 것이다. 같은 나이지만 자기로서는 한 번도 생각해 본 적이 없는 말이었다.

큰아기는 대철이 앞으로 한 무릎 다가앉았다.

"도련님은 그럼 하늘의 인연을 지키기 위해 죽어도 좋겠군요."

대철은 밥상 위에 수저를 놓았다. 상을 큰아기 앞으로 밀어 놓으면서 말했다.

"큰아기의 아버님께서 받드시는 공자님께서도 이렇게 말했어요. 사람의 목숨은 하늘에 달려 있다고요."

"아닙니다. 이건 하늘이 거두어 가는 명이 아닙니다. 말 한 마디만 하면 살 수 있는 것입니다. 마음을 고쳐먹고 공자님이 가르쳐 주신 대로 지키기만 하면 얼마든지 살 수 있는 일입니다. 왜 도련님께서는 나라에서 금지하는 분을 받들고 그러십니까?"

"우리 주님께서는 오늘만이 아니라 영원히 사는 길을 가르쳐 주셨어요. 우리의 생명이란 이 육신의 숨이 끊어지고 붙는 것이 다가 아니지요."

"도련님의 주인님은 누구십니까?"

"예수님이에요."

"그분은 지금 어디에 계십니까?"

"지금 우리 곁에, 우리와 함께 있어요."

큰아기는 한 걸음 물러앉았다. 그럴는지도 모른다는 생각이 들었다. 그것은 그녀만이 느낄 수 있었다. 멀리서 볼 때도 그랬지만 가까이서 볼 때도 대철의 곁에는 누군가가 항상 있는 것 같았다. 보이지 않는 그 누군가가.

둘만 있는데도 세 사람으로 느껴졌고, 귀엣말을 할 때도 누가 듣고 있는 듯한 느낌을 떨쳐 버릴 수가 없었다. 그것이 큰아기한테는 불만이었다. '그와 헤어지세요. 저하고만 있어요. 저는 우리 두 사람만이 있고 싶어요.'

그러나 이것은 속마음뿐, 말이 되어 나오지는 않았다.

이때 대문이 '쿵쿵' 울렸다.

큰아기는 밖으로 나갔다. 숭늉을 떠 들고 다시 들어가니 대철이는 돌아갈 채비를 하고 있었다.

"대문 밖에 서 계시는 분은 우리 아버님일 것이에요. 아까 내가 왔을 때처럼 문을 열어 주지 않겠지요?"

큰아기는 고개를 떨어뜨렸다.

대철이가 마루로 나섰다. 큰아기가 물사발을 들고 따라 나가며 말했다.

"도련님, 물 마시고 가십시오. 마지막이 될지도 모르니……."

큰아기가 말을 맺지 못했다. 옷고름으로 뺨을 누르고 있었다.

짚신을 찾아 신고 쪽문께로 걸어가던 대철이가 다시 돌아서 왔다.

대철은 말없이 큰아기가 들고 서 있는 숭늉 사발을 받아 들었다. 물을 한 방울도 남기지 않고 다 마셨다.

대문이 '쿵쿵쿵쿵' 다시 울렸다.

"내가 아버님을 모시고 가지요. 가면서 자세한 말씀은 내가 대신 올릴게요. 부디 잘 계십시오."

대철이는 허리춤에서 묵주를 꺼내어 큰아기의 손에 쥐어 주었다. 서소문 형장에서 권 베드로 아저씨가 떨어뜨린 묵주였다. 마른 콩을 꿰고 보리밥풀과 짚으로 이겨 만든 고상의 묵주.

대철이는 뒤를 한 번도 돌아보지 않고 담장 길을 돌아가 버렸다.

담장 밑에서 풀벌레가 '찌르르르' 울었.

문설주에 기댄 큰아기의 어깨가 들먹이기 시작했다.

달이 구름 속으로 숨었다.

마음이 시키는 대로

1839년. 이 해에 이 땅에는 흉년이 들어 인심이 사나웠다. 이때 나라의 임금은 헌종으로 어린 나이였기 때문에 대왕대비 김씨가 왕 대신 나랏일을 보았다. 그러자니 자연 대왕대비 김씨의 집안 사람들이 나라의 권력을 거머쥐고 있었다. 이른바 세도 정치가 행해지고 있었던 것이다.

 나라 사정도 민중 생활도 캄캄하기만 한 우리나라와는 달리 다른 나라들은 새로운 세계로의 먼동이 트고 있었다. 특히 서양 여러 나라들의 발전은 눈부신 것이었다.

1789년. 그러니까 우리나라의 조정에서 천주교 신자들을 모질게 학대한 기해년으로부터 꼭 50년 전인데 이 해의 4월 30일에 미국은 국민들의 선거에 의해 워싱턴이 초대 대통령으로 뽑혔다.

이 해에 또 프랑스에서는 국민의회가 구성되어 봉건 제도를 폐지하고 인권선언을 채택하였다. 예술적으로는 음악에 베토벤, 모차르트, 그리고 하이든이 나타나서 활동을 활발히 하였으며 독일의 괴테 또한 이 시대를 누빈 문학가였다.

1827년. 소년 성인 유대철이 동방의 작은 땅에 태어난 이 해에 영국에서는 세계 최초로 스톡턴과 달링턴 사이에 철도가 개설되었다.

1833년은 유대철이 일곱 살 나던 해이다. 그러나 이 해 역시도 조선은 캄캄한 데 비해 영국 의회에선 공장법이 제정되었다. 곧 13세 이하는 최고 노동 시간이 9시간을 넘지 않도록 법으로 정한 것이 그것이다.

1835년. 사무엘 모스에 의하여 유선 전신기가 발명되었다. 그리고 독일과 네덜란드, 러시아와 이탈리아에 철도가 개설되었다. 영국 배가 중국 청나라의 산동 땅에 도착했으며 광동에는 그리스도 병원이 생겼다. 그런데 조선에는 청나라로부터 감자가 전래되었을 뿐이다. 이 해에 유대철의 나이는 아홉 살이었는데 공교롭게도 전해에 임금이 된 헌종 또한 아홉 살이었다.

기해년. 유대철과 헌종이 함께 열세 살이 되던 해. 조정에서는 배고파하는 백성들의 관심을 전혀 엉뚱한 방향으로 몰아가고 있었다. 비밀리에 외국인 사제가 영입되어 이제 간신히 뿌리를 내리려는 천주교 박해가 그것이었다.

정월에 한바탕 회오리바람이 불어 남자 4명, 여자 6명, 아이 7명이 잡혔으며 4월에는 남명혁을 비롯한 많은 천주교도들이 관가에 붙들려 갔다. 이때에 남명혁의 집에서 사제의 제의와 주교관이 발견되었는데 이를 계기로 대왕대비 김씨의 서슬 퍼런 명령이 떨어졌다.

'천주교도들이 다시 나타나기 시작한 것은 신유년(1801년. 천주교 1차 박해)에 뿌리까지를 완전히 뽑아 버리지 못했기 때문이다. 잡초는 베기만 하면 안 된다. 뿌리까지를 뽑아 버려야 다시 나타나지 않을 것이니 팔도의 집집마다 수색하여 이 잡듯이 잡아 내라. 또한 마을 집들을 다섯 집씩 묶어서 한 집이라도 천주교도를 숨겨 준 일이 드러나면 다섯 집을 다 처벌한다고 하여라.'

이어서 5월 24일에 이관헌과 남명혁을 비롯한 9명이 서소문에서 참수되었다. 대철이가 날아간 연을 쫓다가 보게된 것이 이 형장이다.

폭풍이 불기 전에는 이상한 고요가 온다. 어둡고 바람 없는 음산한 정적, 이 정적이 6월 한 달 동안 계속되었다.

배교자들이 늘었고 신부들은 지방으로 몸을 피했다.

7월 들어서 먹구름이 모여들기 시작했다. 큰 비바람이 몰아칠 조짐이었다. 드디어 7월 5일. 희정당에 머물고 있던 대왕대비 김씨가 대신들을 불렀다.

이 자리에서 형조 판서 조병현은 봄철에 천주교도들 단속이 있으면서 많은 교도들이 배교를 하거나 잡히거나 해서 이젠 좀 조용한 편이라는 보고를 했다.

그러자 우의정 이지연이 뱀눈을 뜨고 물었다.
"조 대감은 그럼 천주교도들의 뿌리가 완전히 뽑혀졌다고 보십니까?"
"그렇게는 생각하지 않습니다만……."
"그런데 왜 그렇게 불씨가 꺼진 양 말씀하십니까? 내가 보기에는 잔가지만 잘려졌을 뿐입니다. 그들이 사제라고 받드는 서양 사람들도 아직 잡히지 않았을 뿐더러 그들 조직의 우두머리도 아직 붙들지 못한 채로 있습니다."

후원에서 청개구리가 울다가 그쳤다. 안에서 대왕대비 김씨의 목소리가 카랑카랑 흘러나왔다.
"도대체 이 나라의 포장들은 무엇을 하고 있단 말이오?"
"황송하옵니다. 마마."
대신들은 일제히 머리를 조아렸다. 청개구리가 다시 곽곽거리기 시작했다.
우의정 이지연이 다시 나섰다.
"염려하지 마시옵소서. 그들의 우두머리는 내일이라도

잡아 대령할 수 있사옵니다."

"무슨 연락이라도 닿고 있는가요?"

"그렇사옵니다. 우리 끄나풀이 저들 속에서 움직이고 있사옵니다."

"대감만 믿으오."

대왕대비 김씨의 입가에 싸늘한 미소가 지나갔다. 청개구리가 울음을 그쳤고 천둥 소리가 다듬이 방망이질처럼 요란히 이쪽 하늘로 달려오기 시작했다.

대철이네 집에 포졸들이 들이닥친 것은 이 날로부터 사흘 후였다.

그러나 사실은 포졸들보다 먼저 달려온 사람들이 있었다. 그들은 다름 아닌 대철이네 친척들이었다.

이 사람들은 대철이네 아버지의 천주교도라는 죄목 때문에 자신에게까지도 번질지 모를 화를 막고자 달려온 것이었다.

"여보게, 지금이라도 늦지 않았네. 천주를 믿지 않는다고 한 마디만 하면 돼. 그런 거야 상놈이나 과부들이 믿지, 우리 같은 가문에야 당치도 않지 않은가. 이 사람아."

"아암, 그렇고말고. 자네가 배교하면 자네만 사는 게 아닐세. 우리도 사네. 자네야 그렇다손 치더라도 우리한테 무슨 죄가 있나? 우리가 왜 자네 때문에 우리들의 재산과 지위를 하루 아침에 몰수당해야 한단 말인가."

하지만 대철이의 아버지는 양 발을 개고, 눈을 꼭 감고 앉아서 아무런 대꾸도 하지 않았다.

장지문 틈으로 햇볕이 쏟아 놓은 물처럼 번져 들어왔다. 먼 데의 말발굽 소리가 새어 들어왔다. 새 떼가 '후두둑 후두둑' 나는 것이 흡사 가을날의 낙엽처럼 창호지에 어른거렸다.

낮잠 자던 동네 개들이 일제히 짖어 대기 시작했다.

"형님, 귀신이 덮여 씌워도 단단히 덮여 씌웠습니다그려. 포졸들이 달려오는 저 소리를 들어 보십시오. 한 마디만 하면 될 것을 가지고 웬 고집을 그렇게 피우고 계십니까?"

그때야 대철이 아버지는 조용히 눈을 떴다. 방 안 사

람들의 시선이 일제히 대철이 아버지한테로 모아졌다. 어느 사이엔가 턱수염이 하얗게 세어 있었다. 대철이 아버지는 턱수염을 만지면서 입을 열었다.

"아우의 쓰린 마음도 잘 알고 있네. 그러나 이 사람아, 말은 조심하여야 하네. 날더러 귀신이 씌웠다니 그 말은 내가 도리어 할 말일세. 내가 알고 모시는 하느님을 모른다고 하라고 하니 그거야말로 귀신 소리가 아니고 무엇인가? 우리가 어디 피를 나눈 골육끼리도 서로의 이익에 의해서가 아니라고 부정한 적이 있는가? 하물며 우리에게 혼을 지어 주신 분이며 만물의 아버지이신 분이 하느님임을 내가 아는데 어찌 모른다 하고 숨 한 번 붙여 더 살기를 바란단 말인가?"

대철이 아버지는 방 안에 모인 한 얼굴, 한 얼굴을 천천히 돌아보았다. 방 안은 쥐 죽은 듯 고요했다. 숨이 차게 달려오는 포졸들의 발소리가 전혀 강 건너 세계의 것인 양 아득하게 느껴지는 순간이었다.

"부족한 저 때문에 일가 집안 여러분들이 당할 고초를 생각하면 저도 가슴이 미어집니다. 그러나 이승의 벼

슬과 부귀 영화는 하룻밤의 꿈에 불과한 것입니다. 하느님께서 각자를 언제 부르실는지 모르지만 마치 아이가 밖에서 소꿉장난을 하고 놀고 있을 때 부모가 부르는 이치하고 같습니다. '애야, 이제 그만 놀고 돌아오너라.' 이렇게 말하면 아이는 이제껏 가지고 놀았던 소꿉 살림살이를 버립니다. 물론 그 소꿉놀이에서 주인 노릇을 했던지, 종 노릇을 했던지 그 지위 자체도 버리지요. 이 모든 것을 버리고 아이들이 부모가 계시는 집 안으로 달려가듯이 우리도 그렇게 이 세상에서 저 세상으로 돌아가게 되어 있습니다. 소꿉 장난감 같은 꿈 속의 것을 잃을까 겁내지 마시고 꿈 깨서 얻을 것을 생각한다면 저를 말리지 못하리라 생각합니다."

날아갔던 새들이 더 많은 새들과 함께 날아와서 대철이네 집 용마루에 앉았다. 말발굽 소리가 골목 안쪽으로 꺾어들었다. 개 짖는 소리가 더욱 높아졌다.

대철이 아버지가 대철이의 턱을 오른손으로 떠받들어 올려서 마치 속을 들여다보듯 아들의 초롱한 눈동자를 들여다보면서 말을 했다.

"나는 너한테 어떻게 하라고 강요하지 않겠다. 다만 네 마음이 시키는 대로 따라서 하도록 하라. 알겠느냐?"

"네."

대철이는 그의 아버지 눈을 마주 바라보았다. 참으로 오랜만에 마주보는 눈이었다. 잣나무 숲처럼 깊고 그윽한 저 편.

대철이는 그의 아버지 품안으로 쓰러졌다.

"아버지……."

이렇게 부르고 나자 눈물이 걷잡을 수 없이 쏟아졌다. 눈물 속에서 지난날들이 물 위를 떠 가는 종이배처럼 지나갔다.

― 아버지로부터 교리 문답을 배우던 날 문풍지를 울리던 바람 소리도 낭랑했었지. 그리고 신부님으로부터 첫 영성체를 하던 날, 아버지의 소리 없는 눈웃음이 민들레 꽃씨처럼 하늘 높이 둥둥 떴었지. 성탄 때는 또 어떻고……. 미사를 보러 가던 눈길에서 아버지와 함께 넘어져 엉덩방아를 찧고서 마주보고 웃었지.

아버지는 조용히 대철이의 어깨를 잡아 일으켰다. 대철이의 눈물을 손등으로 닦아 주면서 말했다.

"나가거라."

대철이가 마루로 나왔을 때 포장의 말 울음소리가 대문간에서 났다. 포졸들의 발소리가 요란했으며, 담장을 따라서 창날이 쭈뼛거렸다.

대철의 몸은 떨리기 시작했다. 우선 집을 둘러싸고 있는 창이 무서웠고, 말에서 내리는 포장의 칼이 무서웠다.

그때 대철은 우물 곁에 있는 오동나무 위에서 부르는 소리를 들었다.

"대철아! 대철아!"

고개를 들어 보니 한조가 나무 위에서 손짓을 하고 있었다. 대철이는 얼른 오동나무 위로 올라갔다. 한조가 손을 내밀어서 대철이를 잡아당겨 주었다.

"나무 허리를 꽉 껴안아."

그제야 대철은 자기의 온몸이 부들부들 떨리고 있음을 알았다. 한조가 시키는 대로 나무를 두 팔로 껴안자

훨씬 떨림이 덜했다.

"넌 어떻게 알고 왔지?"

대철이가 묻자 한조가 '쉬잇!' 하고 대철이의 입을 막았다.

나뭇잎 사이로, 포장이 대문을 밀어젖히면서 소리를 지르고 있는 것이 보였다.

"천주교도들의 괴수 유진길은 냉큼 나와서 오랏줄을 받아라!"

그때 대철은 보았다. 안방 문이 열리면서 나타나는 아버지의 모습을. 두루마기도 입지 않고 갓도 쓰지 않은 채였다. 대철의 아버지는 버선발로 마루를 내려서면서 조용히, 그리고 조금도 떨지 않은 몸으로 나섰다.

"내가 유진길이오."

이 너무도 당당한 모습에 포졸들이 당황하고 있었다.

포장이 한동안 대철이 아버지의 위아래를 훑어보다가 소리를 질렀다.

"냉큼 묶지 못하고 뭣들 하고 있느냐!"

그제야 포졸들은 앞으로 나와서 대철이 아버지를 오

랏줄로 묶었다. 뺨에 칼자국이 있는 포졸은 무릎을 꿇지 않는다고 육모방망이로 때리기도 했다.

대철이 아버지가 포졸들한테 질질 끌려서 대문 밖으로 나갔다.

집 안에서 일가 친척들의 울음이 일제히 터졌고, 창이 걸쳐진 담장 위로 이웃 사람들의 얼굴이 나타났다. 그들은 평소 인정 많고 그윽한 성품의 유진길 체포에 눈을 휘둥그레 뜨고 있었다.

대철은 아버지를 부르려고 했다. 그러나 한조의 손바닥이 그의 입을 틀어막았다.

대철은 골목을 빠져 나가는 포졸들의 무리 속에서 한 민간인을 보았다.

한조 아버지였다. 그는 포장 곁으로 붙어 서서 무슨 말인가 하고는 날쌔게 그 자리를 빠져 나가고 있었다.

대철은 안개 속에서 드러나는 산봉우리처럼 희미하던 것이 완연하게 확실해지는 것을 느꼈다.

'그렇다. 한조 아버지의 배신이다. 정씨 아저씨도, 그리고 아버지도 잡혀 간 것이다. 누구도 한조 아버지가

밀고자라고는 꿈에도 생각하지 않고 있던 일이 아닌가.'

집회에는 언제나 제일 먼저 와서 교리 문답을 하고, 성서를 사람들 앞에 나서서 즐겨 읽으며, 청소나 심부름 같은 허드렛일을 마다 않고 앞장 서서 하던 사람. 공소가 하나 둘 발견되고 그때마다 교우들이 잡혀 가면 '주여, 주여.' 하고 울면서 '주님께서 힘을 내려 주시옵길' 간절히 희구해 마지않던 사람. '가시밭길의 고통을 천주님께서 보내시는 시련으로 알아 슬기롭게 이겨 나가자.'고 권고하고 다니던 사람. 그가 지금 포장들과 귀엣말을 나누고 사라진 것이다.

대철은 한조를 돌아보았다. 한조의 얼굴은 새하얗게 질려 있었다.

"유다!"

대철이가 이렇게 말하자 한조는 슬금슬금 뒤로 물러났다. 대철이가 뚫어져라 바라보면 볼수록 한조의 얼굴은 점점 하얀 종이 같아졌다.

"이제야 생각난다. 지난 5월에 서소문 형장에 갔을 때

너는 배가 아프다고 하면서 뒤로 빠졌다. 그러나 너는 그냥 집으로 돌아가지 않았다. 우리 아버지와 내가 만났을 때 미루나무 뒤에 몸을 숨기고 살펴본 눈이 바로 너다. 그 날 우리 아버지가 정씨 아저씨와 함께 신부님을 찾아갔을 때 너의 아버지도 동행했었다. 교우들의 시신을 훔쳐 내었을 때도 거들었다. 그러면서 한편으로 관가에 죄다 고자질을 했던 것이다."

한조가 뒷걸음질을 쳤다. 대철이가 한 걸음 다가가면 두 걸음 물러갔다. 대철이가 한 마디 한 마디 할 때마다 '아니야, 아니야.'를 반복했다.

"그래도 나는 너를 가장 좋아했었다. 너의 아픔을 곧 내 아픔인 양 여겼어. 좋은 것을 볼 때도, 맛있는 걸 먹을 때도 성모님 다음으로 너를 생각했다. 너를 하루만 보지 않아도 보고 싶어 견딜 수 없었어."

한조의 얼굴이 일그러졌다. 눈에서 눈물이 비어져 나오기 시작했다.

"우리…… 우리 아버지가 시켰어. 말을 듣지 않으면……, 말을 듣지 않으면 때리고 밥도 주지 않았어……."

"바보!"

성난 얼굴로 쫓아가는 대철이를 피해서 한조가 도망을 가기 시작했다. 처음에는 슬금슬금 뛰고, 슬금슬금 쫓았으나 나중에는 둘 다 있는 힘을 다해서 달리게 되었다.

대철이가 골목 어귀를 돌아섰을 때였다. 불쑥 대철이의 앞을 막아 서는 아이들이 있었다. 문수 패들이었다.

"비켜!"

"못 비켜!"

"너희들이 뭔데 내 앞을 막는 거야?"

"한조는 이제부터 우리 편이야."

"어째서?"

"그럼 역적의 자식하고 놀란 말이야?"

"우리가 왜 역적이야?"

"천주쟁이니까 그렇지."

"뭐라구?"

대철이가 주먹을 쥐고 문수한테 덤벼들었다. 그러나

저 쪽은 네 사람이었다. 대철이는 이내 바닥에 깔렸고 얼굴이고 등이고 가릴 것이 없이 무수히 얻어맞았다.

"이런 역적은 때려 죽여도 돼."

"보나마나 이 자식도 천주쟁이일 거야."

"너희 하느님한테 살려 달라고 어서 빌어 봐."

"우리 아버지가 네 아버지를 붙잡아 갈 때 내가 얼마나 기분이 좋았는 줄 알아?"

처절하게 덤벼드는 주먹과 발길질 사이로 대철이는 언뜻 골목 안에서 내다보는 얼굴을 보았다. 한조였다. 하얀 종잇장이 구겨진 듯한 한조의 얼굴을 보는 순간 대철이는 일어나 보려고, 덜 맞으려고 꿈틀거리고 있던 노력을 포기했다.

'저 배신자와 내가 다른 것은 무엇인가……. 그래, 맞아 주는 것이다.'

대철이는 눈을 감았다. 오는 대로 맞아 주었다. 그렇게 얼마를 있었는지 모른다. 후두둑 듣는 빗방울을 느끼고 눈을 떠 보니 텅 빈 주변은 어둠으로 차 오르고 있었다.

문수 패들도 사라지고 없었다. 대철이가 코로, 입으로 흘린 피가 땅바닥에 드문드문 번져 있을 뿐이었다.

고르게 검어져 버린 하늘에서 비가 빈틈없이 땅으로 이어지고 있었다. 보랏빛으로 보이던 먼 데 것들이 차차로 검어져 버렸다.

대철이는 다시 눈을 감았다. 얼굴에 떨어지는 비의 감촉이 어떤 손길처럼 느껴졌다.

그제야 대철이는 아버지의 말씀이 살아 움직이는 것을 느꼈다.

'대철아, 그저 주어지는 생을 살려고 해서는 안 된다. 하느님께선 우리 한 사람 한 사람이 생을 선택하여 살기를 바라신단다. 자기가 선택하여 자기의 삶을 살게 될 때 비로소 생의 가치가 있는 것이니까.'

대철이는 일어나 걸었다. 왼쪽 발목이 삐었는지, 발을 내디딜 때마다 욱신거리고 아팠다.

그러나 대철이는 참았다. 옆 돌담에 기대어 서서 빗물과 눈물을 닦았다.

'이제야말로 내 삶이다. 허허벌판에 서 있는 작은 미루

나무. 아버지나무가 베어져 버린 뒤에 남은 미루나무. 작은 나무야, 너 혼자서 이젠 비와 바람을 견뎌 내야 한다.'

빗줄기는 점점 굵어졌다. 먼 데 하늘에서 천둥이 구르고 있었다.

대철은 걷기가 쉬웠다. 누군가가 따라오고 있는 것 같았다. 뒤를 돌아보았다. 아무도 없었다.

'어디로 갈 것인가.' 하고 대철은 생각해 보았다. 집은 이내 포졸들이 진을 치고 있을 것이다. 아무 친척 집에서도 자기네 식구를 받아들여 주지 않을 것이며 오히려 해가 돌아오지 않을까 경계할 것이다.

대철의 머릿속에 큰아기가 떠올랐다. 복숭아빛 얼굴에 흑진주 같은 눈이 깜박이는 모습이었다.

대철이는 고개를 저어서 큰아기의 환상을 지웠다. 거기도 이미 끝난 일이 아닌가. 새삼스럽게 큰아기가 떠오른 것은 마음이 허약해진 때문이라고 대철은 생각했다. 이 유혹을 이겨 내자고 대철은 마음을 다져 먹었다.

하늘이 낮아지면서 고르게 내리는 것으로 보아 비는

오래갈 것 같았다.

그때 대철은 누군가가 자기를 지켜보고 있는 듯한 느낌을 받았다. 또 한 번 뒤를 돌아보았다. 빗속에서 담 뒤로 숨는 옷자락이 있었다. 한조가 틀림없었다.

'못난 자식.'

대철은 입술을 꼭 깨물었다. 입술 사이에는 뺨을 타고 흘러내려온 물기가 있었다. 빗물보다도 눈물이 많은지 소금기가 느껴졌다.

아버지의 뒤를 따라

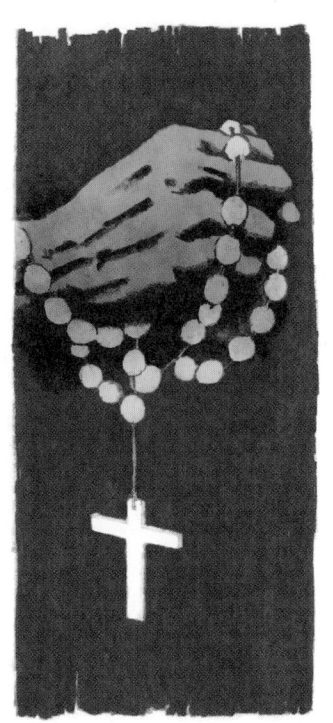

아버지.

안녕하신지요?

아버지가 잡혀 가신 날부터 내리기 시작한 비가 오늘도 계속되고 있습니다.

캄캄한 옥에서 갖은 고초를 겪고 계실 아버지를 생각하면 잠이 오지 않습니다.

어머니와 형님과 누나와 저는 지금 계동의 외가에 와 있습니다. 동서남북을 둘러봐도 우리 가족들을 불러 주는 이 하나 없었는데 다행히 외할아버지께서 저희를 거두어 주셨습니다.

새삼 인심이 이렇게 허망한 것도 처음으로 뼈아프게 느꼈습니다. 찾아간 어떤 친척집에서는 개를 풀어서 우리를 쫓아 내게 한 일도 있었으니까요.

어제는 아버지가 갇혀 계신 포도청의 담을 따라서 한 바퀴 돌았습니다. 담은 높고, 간혹 순시 도는 포졸들의 발소리가 무거운 둘레. 잡초가 무성한 서편 담 밑을 지날 때였습니다. 저는 어느 분인가가 비명을 지르는 소리를 들었습니다.

모진 고초를 당하고 계시겠지요. 저는 그제 밤에, 전에 포장을 지낸 적이 있는 외삼촌으로부터 형벌의 종류와 방법에 대해서 들었습니다.

볼기를 치는 태장이며, 주리를 트는 것이며, 압슬이라는 것도 있다는 것을 처음으로 알았습니다.

그 중에서도 저는 줄 주리와 황새 주리에 대해서 듣고서 밤새 잠을 자지 못하였습니다.

억센 털로 꼰 밧줄을 넓적다리에 한 번 감아서 양쪽에서 쥐고 톱질한다는 줄 주리. 두 손목을 배 앞에서 묶고 양 겨드랑 사이로 작대기를 끼워서 양편 작대기를 뒤로 틀어 가슴이 앞으로 동그랗게 튕겨지게 한다는 황새 주리. 특히 땅바닥에 돌멩이와 사금파리를 깔아 놓고 그 위에 책상다리를 앉게 하여 피를 흘리게 한다는 압슬이라는 고문 방법을 들을 때는 소름이 끼쳤습니다.

아버지.

그 엄청난 고통을 어떻게 견뎌 내고 계신가요?

어머니께서는 아버지가 원망스럽다고 하셨습니다만 저는 아버지가 자랑스럽습니다. 그 심한 고통을 참고 계심은 하느님께서 내리실 상을 쌓는 것이라고 저는 생각합니다.

천주를 믿지 않겠다고 한 마디만 하면 옥문을 열어 줄 그들이지만 천주를 떠난 바깥의 편안보다도 그분과 함께 하는 옥 속에서의 고통이 아버지의 바람이겠지요.

저도 그 동안 어머님과 누나로부터 무수히 배교 권유를 받았습니다. 어머니는 이렇게까지 말씀하셨습니다.

"어미라고 부르지 말아라. 천주를 택하든지 어미를 택하든지 둘 중 하나를 말하거라."

이때 저는 섬광처럼 지나가는 계시를 받았습니다. 그

것은 아버지의 뒤를 따라야겠다는 것입니다.

아버지.

저는 지금 옥 속의 아버지 곁으로 가고자 마음의 준비를 갖추었습니다. 이렇듯 내가 나를 숨기고 불안과 함께 숨죽여 지내느니보다는 신부님도 계시고 여러 교우님들도 계시는 옥을 찾아 나서려고 합니다.

아버님은 어리다고 말리실는지도 모릅니다. 그러나 아버지, 제 나이 열세 살입니다. 장가를 일찍 든 친구들은 호패를 이내 차기도 하였습니다.

아버지께서, 그리고 여러 교우님들께서 받으시는 고통을 나누어 질 수 있습니다. 불을 삼키라 하면 불을 삼킬 수도 있고 주리를 틀면 주리를 트는 대로 맡기고 있겠습니다. 예수님께서도 가시관을 쓰시고 십자가를 지시고 가셨지 않습니까.

아버지.

저는 이렇게도 마음이 기쁠 수가 없습니다. 그것은 주님께서 내게 살며시 물어보신 수수께끼를 풀었기 때문입니다.

아버지가 잡혀 가신 이튿날. 식구들과 함께 근처 산으로 잠깐 피한 적이 있었습니다. 포졸들이 들개처럼 우리 식구들을 쫓고 있었습니다.

그때 산 속 길을 제가 맨 앞에서 걸어가고 있었습니다. 그런데 칡넝쿨에 발이 걸려서 제가 넘어지게 되었지요. 그 순간이었습니다. 포졸들이 식식거리며 지나가는 것을 저는 보았습니다.

저는 그때 '아, 우리 주님께서 나를 저들로부터 보호해 주시는구나.' 하고 감격하였습니다.

그런데 이제 생각해 보니 그것은 하느님께서 내게 마련해 주신 영광된 자리를 위한 숨은 뜻이었습니다.

이제 내가 내 발로 당당하게 옥을 향해 가게 되었으니까요.

사도 바울로 님께서도 '내게는 우리 주 예수 그리스도의 십자가밖에는 아무것도 자랑할 게 없다.' 고 하시지 않았습니까.

아버지.

어느 핸가 저는 돌층계에서 넘어진 적이 있었지요. 무

를 살점이 떨어져 나간 자리에 쑥을 찧어 발라 주신 아버지의 손길을 기억하고 있습니다. 그리고 어느 날, 아직 덜 아문 상처의 딱지를 저는 들어 냈습니다. 그때 저는 살며시 붉은 핏발이 배이는 상처 속에서 돌나물 순처럼 뾰족뾰족 올라오는 여린 살을 볼 수 있었습니다.

그때 곁에 계시던 아버지께서 말씀하셨었지요.

"새살이다."

그런데 그 날은 아무렇지도 않게 들렸던 그 말씀이 제가 첫 영성체를 하던 순간에 마치 메아리처럼 '새살이다! 새살이다! 새살이다! 새살이다!' 하고 해맑은 목소리로 울려 왔던 것은 웬 기적이었을까요?

아버지.

새살은 눈물을 먹고 자라는 풀잎 같다는 생각을 합니다.

우리가 고백성사를 보았을 때 비로소 상처 속에 빠알간 피가 돌고, 그리하여 성체를 모실 때마다 손톱만큼씩 돋아나는 새살을 느낄 수 있었으니까요.

"죄가 썩고 문드러진 헌 살을 모두 밀어 내고 이렇게

빠알갛게 돋아나는 새살로 내 몸이 다시 되었으면 좋
겠어요."

제가 아버지께 이렇게 말했었지요. 그때 아버지께서
들려 주신 말씀이 생각납니다.

"그렇지. 그 살이야말로 영혼과 같은 살이지. 그 몸으
로는 하늘나라의 성인들 앞에도 부끄럼 없이 나설 수
있을 것이다."

아버지.

정말이지 저는 한 점 부끄럼 없는 몸에 한 점 부끄럼
없는 혼을 지니고 싶습니다. 그리고 죄를 타기 전에 우
리 주님께 온전히 봉헌되는 저이고 싶습니다.

저는 어제 툇마루에서 한동안 누이와 어떻게 살 것인
가를 가지고 다투었습니다.

전부터 어머니의 말씀을 따르시는 누이는 어제 역시
도 천주님을 버리라고 하였습니다. 천주님을 버리고 걱
정 없이 이 세상을 살아가자는 것이었습니다.

그렇게 살아서 무엇 할 것이냐고 저는 누이에게 물어
보았습니다.

"그야 공부하고 벼슬하고, 장가 들어 아이 낳고, 즐겁게 하루 세 끼씩 밥 먹고 살다가 늙으면 죽는 것이지, 뭐."

저는 '아니.'라고 고개를 흔들었습니다. 뜻 없이 오래 사는 것보다는 내일 죽더라도 뜻을 가진 오늘을 택하겠노라고 말해 주었습니다.

아버지.

언젠가 신부님께서 서투른 우리말로 물으신 질문이 그때 문득 생각났었습니다.

"그냥 조개이고 싶습니까? 진주를 가진 조개이고 싶습니까?"

물론 저는 '진주를 가진 조개'라고 대답하였습니다.

"그러나 진주는 저저 주어지는 것이 아닙니다. 그만큼 빛나는 보석을 가지기 위해서는 그만큼 아파야 하는 것입니다. 그 아픔이 예수님의 십자가입니다. 지시겠어요?"

"네."

제가 큰 소리로 하는 대답을 아버지도 그때 곁에서 들

으셨었지요?

끝내 내가 배교하지 않을 것 같자 누이는 '불쌍한 녀석'이라고 말하고는 방 안으로 들어가 버렸습니다. 닫힌 방문, 그 안에는 살붙이 형제들과 어머니가 계십니다. 나만 도마뱀이 잘라 버린 꼬리처럼 툇마루 가에 있는 것입니다. 스산한 바람이 목에 느껴지는 것은 내가 아직 어린 때문이겠지요. 그때였습니다.

아버지.

저는 새로운 환희를 맛보았습니다. 하늘 저편에 꽃이 불처럼 펼쳐진 저녁놀. 그것은 마치 병풍처럼 아늑하게 느껴지는 것이었습니다.

'아아, 성모님.'

가슴 앞에 손을 모으고 얼마나 있었을까요? 노을과 함께 저 역시도 스러져 버리는 느낌이었습니다.

이때 노을 자리에 돋아난 별을 제치고 불쑥 올라온 얼굴이 있었습니다. 한조, 그가 담장 위로 얼굴을 밀어 올린 것입니다.

아버지.

아버지께서도 이미 알고 계시겠지만 신부님과 정씨 아저씨, 그리고 아버지를 밀고한 사람은 바로 한조의 아버지입니다. 아버지도 놀라셨겠지만 저도 얼마나 크게 놀랐는지 모릅니다. 한조는 저의 가장 가까운 단짝 동무였으니까요.

 그런 사실을 알게 된 날, 저는 끓는 분노를 참지 못하였습니다. 한조가 내게 붙들렸더라면 그는 내 손에 살아남지 못하였을 것입니다. 그런데 다행히도 그는 잘 도망가 주었습니다. 처음에는 화가 들끓었지만 날이 갈수록 가라앉았습니다.

 그러나 좀체로 한조를 용서해 줄 마음은 일지 않았습니다. 예수님처럼 십자가를 지고 예수님 뒤를 따르겠다는 각오가 섰는데도 쉽게 이 매듭은 풀리지가 않았습니다. 이 점이 저를 괴롭혔습니다.

 '한조를 용서하자.' 하고 눈을 감고 기도드리면 그 순간만이 조용해지는 마음이었습니다. 그러나 눈을 뜨면 사라졌던 미움은 다시 덩그렇게 나타나는 것이었습니다. 좀처럼 녹을 줄 모르는 단단한 미움 덩어리.

그런데도 한조는 계속 저를 찾아왔습니다. 그가 차라리 당당한 배신자로서 찾아오는 것이라면 오히려 마음이 편했을 것입니다. 한데 한조는 우는 얼굴로 사라지는 것이었습니다.

"대철아, 용서해 줘. 용서한다는 말 한 마디만 해 줘."

내가 노려보면 노려볼수록 한조는 더욱 애타게 매달렸습니다. 그를 미워하기는 어머니와 누님도 마찬가지였습니다. '너는 짐승만도 못한 놈이다.'라고 말하며 송충이를 피하듯 외면하는 것이었습니다. 그 점이 나를 더욱 괴롭혔습니다.

'내 미움은 천주님을 믿지 않는 저분들과 다른 것이 하나도 없지 않은가.'

그렇다고 용서하지 않는 마음을 용서했다고 속일 수는 없는 일이었습니다. 세상에 뭐가 어렵니, 뭐가 어렵니 해도 자기 마음을 다스리는 일이 가장 어렵다는 걸 새삼스럽게 느꼈습니다.

아버지.

마음 같아서는 하루라도 빨리 포도청에 찾아가서 우

리 교인들과 함께 있게 해 달라고 간절히 바라고 싶으나 마음 한편에 남아 있는 한조에 대한 미움 때문에 여지껏 아버지의 바깥에 이렇게 머물고 있었습니다. 그것은 하나가 된 예수님 마음이 아니니까요.

그런데 오늘, 마침내 그 매듭이 풀렸습니다.

오늘도 한조는 해질 무렵에 나타났습니다. 언제나 그가 하던 대로 담장 위에 목을 내놓고 말하는 것이었습니다.

"너도 생각해 봐야 해. 넌 나를 생각해 준다고 했었지만 그때문에 넌 내 위에서 나를 짓누른 적은 없었는지…… 그때문에 나는 네가 하기 싫은 일들이 나도 싫지만 해야 할 때가 많았어. 가령 너희 집에서 너한테 심부름을 시켰을 때, 먼 데 어려운 일은 내가 도맡아서 해 주었지 않느냔 말이야. 그런데도 나는 싫다고 말할 수가 없었어. 너한테서 다른 도움을 많이 받았기 때문에 물리칠 수가 없었던 거란 말이야. 나는 때로는 너로부터 자유로워지고 싶었어. 알아? 내 속마음을 알겠느냔 말이야?"

한조는 다른 때도 이런 말을 했을 것입니다. 그런데 오늘에야 내 귀에 이 말이 아프게 들리다니 참 이상한 일이었습니다.

저는 비로소 '내 탓이오, 내 탓이오, 내 탓이오.' 하고 내 가슴을 쳤습니다. '진리가 너희를 자유롭게 할 것이다.'라고 한 복음 말씀을 제대로 알아들은 것 같았습니다.

얼마나 울었을까요? 눈을 떠 보니 한조는 돌아가고 없었습니다. 대신 남산 위에서 달이 둥그렇게 떠올라 저를 내려다보고 있었습니다.

달님을 보는 순간 저는 달빛이 저의 마음 속 깊이, 그리고 고루고루 비쳐 드는 것을 느낄 수 있었습니다. 그것은 제 마음 가득 넘치는 평화이기도 하였습니다.

아버지.

그 길로 저는 달빛이 넘치는 마음으로 달빛이 넘실거리는 거리를 걸었습니다. 한조네 집 울 밖에서 마루에 누워 잠든 한조를 보았습니다. 한조네 개 누렁이가 꼬리를 흔들고 나왔습니다. 저는 누렁이의 머리를 쓰다듬어 주고 돌아섰습니다.

먹골 큰아기네 집의 골목에 당도했을 때는 밤이 제법 깊어서였습니다. 호박 넝쿨 위에 널려 있는 새하얀 빨래. 아마도 다림질을 하기 위해 이슬을 맞히고 있나 보았습니다.

얼마 후 건넌방 문이 열리고, 땋은 머리를 늘어뜨린 큰아기가 나타났습니다. 큰아기는 널어 놓은 빨래를 하나하나 걷어서는 가슴에 안고 방으로 다시 들어갔습니다. 새어 나오는 호롱불빛 사이로 어른거리는 장지문에 비친 그림자. 그 그림자가 오롯이 자리잡히는 것을 보고는 거기를 떠나왔습니다.

아버지.

집에 돌아온 저는 어머님께 말씀드렸습니다. 내일 아침 일찍 은인께로 가서 몸을 숨기겠다고. 그러자 말귀를 알아듣지 못한 어머니는 은인이 누구냐고 묻지도 않고 승낙해 주었습니다.

아버지, 제가 말하는 은인이란 우리 주 예수님이 아니고 누구이겠습니까?

포도청을 향하는 저는 아버님과 가까이 있게 된다는 기쁨으로 지금 심장이 콩콩 뛰고 있습니다.

나무야, 죄가 많은 나무야

대철이가 포도청 앞에 이르렀을 때 포도청의 문지기들은 꾸벅꾸벅 졸고 있었다.
 대철이는 가슴을 펴고 큰 소리로 물었다.
"아저씨, 들어가도 돼요?"
 그러자 턱수염이 많은 문지기가 눈을 화들짝 떴다.
"뭐라구? 아버질 만나러 왔다구? 너희 아버지가 누군데?"
"아버지 말은 꺼내지도 않았는데……."
"뭐야?"
 이번에는 뺨에 칼자국이 있는 젊은 문지기가 나섰다.

"안에 들어가도 되느냐고 물었어요."
"어린 녀석이 당돌하군. 안에 무엇 하러 들어가려는 거냐?"
"옥살이하려구요."
"뭐야? 옥살이하려 한다구? 이녀석이 미쳤군."
"미치지 않았어요. 나는 천주교를 믿는 사람이에요."
"예기, 이녀석! 어린 놈이 돌아도 단단히 돌았군. 너같이 어린 놈이 어떻게 천주쟁이가 된단 말이냐. 냉큼 물러가지 못하겠니!"

나이가 든, 턱수염이 많은 문지기가 창대로 대철이를 떠밀었다.

넘어진 대철이는 땅바닥에 무릎을 꿇고 앉아서 성가를 부르기 시작했다.

"알렐루야 노래하자.
 기쁜 때가 왔도다.
 온 세상에 기쁜 소식
 용약하여 전하자.
 오, 주 예수 부활하사

우리 죽음 물리쳤네.

알렐루야 주 예수

기쁘고 즐겁다.

영화로이 사셨네."

두 문지기가 기겁을 하며 달려들어 대철이의 입을 막았다.

"어린 녀석이 어디서 이런 노래를 배웠느냐?"

"우리 아버님한테서 배웠소."

"너희 아비가 누군데?"

"유진길 어른을 아시오?"

"뭐야? 천주쟁이의 우두머리 유진길 말이냐?"

"그렇소. 그분이 우리 아버지이시오."

"그럼 네 이름은 무엇이냐?"

"유대철이라 부르오."

두 문지기는 그제야 알았다는 듯 고개를 끄덕였다.

그 즉시로 대철은 포승에 묶이어 옥으로 들어가게 되었다.

옥으로 향하는 대철의 입에서는 다시금 성가가 흘러

나왔다.

"알렐루야 노래하자.

　기쁜 때가 왔도다.

　온 세상에 기쁜 소식

　용약하여 전하자……."

그러자 어둠 속의 어느 옥으로부터인지 되받아 부르는 성가가 들려 왔다.

"오, 주 예수 부활하사

　우리 죽음 물리쳤네.

　알렐루야 주 예수

　기쁘고 즐겁다.

　영화로이 사셨네."

어디서 많이 듣던 목소리 같았다. 그러나 뒤로 갈수록 성가를 부르는 목소리는 잦아지고 있었으므로 누구인지 얼른 가늠이 되지 않았다.

대철은 옥 안에서 '대철아.' 하고 부르는 소리를 들었다. 누구인가 하고 뒤를 돌아보려고 했으나 옥졸이 뒷덜미를 떠밀었다.

"빨리 걷지 못하겠느냐! 여기는 네 집 행랑채가 아니
야!"

그 순간에 '철커덕' 하고 옥문의 자물쇠를 따는 소리
가 들렸다. 육중한 나무 문이 열리자 대철은 옥졸에 의
해 집어 던져지듯이 옥 안으로 떨어졌다.

쾨쾨하고 지린 내음이 났고 한기가 느껴지는 방이었
다.

"도련님이 웬일이셔요?"

안쪽에서 부스럭거리는 인기척이 나면서 가느다란 여
인의 음성이 들려 왔다.

어둠에 어느 정도 눈이 익자 그제야 대철은 벽과 바닥
을, 그리고 안쪽에 있는 사람을 알아볼 수 있었다.

큰 칼이 씌워져 있는 목과 산발한 머리칼 사이로 퀭
뚫린 눈이 보였다.

"아……. 아줌마……."

대철은 말을 이을 수 없었다. 너무도, 너무도 몰라보
게 변한 얼굴 때문이었다.

최영이 아줌마. 남편인 조신철 아저씨가 대철이네 아

버지의 심부름꾼을 했었기 때문에 교우 관계를 떠나서도 잘 아는 사이였다.

특히 아줌마는 나이가 스물셋밖에 되지 않았으므로 그 복스러운 얼굴이 단연 뛰어났다.

간혹 교우들은 아줌마를 만나면 무얼 입 속에 감추고 있느냐고 물어서 웃곤 했었다. 아줌마의 둥그런 뺨이 볼 속에 무엇을 넣고 있는 듯해 보였던 것이다.

그런데 이렇게 변하다니, 대철은 저도 모르게 흠칫 몸이 떨렸다.

턱이 비어져 나오게 움푹 파인 볼. 불거져 나온 이마와 아주 깊이 꺼진 눈이며 백지장처럼 하얀 얼굴 빛깔하며.

대철은 무릎걸음으로 기어갔다. 앙상하게 뼈만 남은 아줌마의 손 위에 자신의 손을 포갰다. 아줌마의 손을 타고 흐르는 피가 느껴졌다. 그것은 따뜻함이었다.

대철의 눈에서는 핏줄이 터지는 것 같았다. 뜨거운 것이 쉴 새 없이 흘러나왔다.

아줌마도 흐느꼈다. 그러나 이내 눈물을 그치고 입을

연 것은 아줌마였다.

"도련님 성가 소리를 들었어요. 그런데 성가가 따라 불러지지 않는 것이었어요. 믿음이 약해졌나 하고 혼자 반성하고 있던 참이었는데 주님이 먼저 알고 도련님을 내 방으로 보내 주셨군요."

밖에서 참새 울음소리가 들려 왔다. 대철이가 울음을 그치자 '후두둑후두둑' 밖에서 참새가 나는 소리가 들렸다.

"그런데 도련님은 어떻게 오셨어요? 어린 도련님까지 잡으러 다니던가요?"

대철은 고개를 저었다.

"그럼 저들의 흉계에 도련님이 빠지신 거로군요."

"아냐요. 내 발로 찾아 들어온 거예요."

'아.' 하고 아줌마는 짧은 탄성을 질렀다. 그러고는 이내 눈을 감았다. 두 손을 모으는 것으로 보아서 기도를 드리는 것 같았다.

대철은 소리나지 않게 아줌마 곁에서 자리를 떴다. 손바닥만한 구멍이 둘 나 있는 남쪽 벽 아래에 가서 짚신을 벗었다. 무릎을 꿇고 눈을 감았으나 기도가 되지 않았다.

대철은 자기가 지금 꿈을 꾸고 있는 것이 아닌가 생각되었다. 며칠 전부터 마음에 다짐을 주고 준 것이지만 갑자기 시작된 감옥 생활은 그에게 낯선 세계임에 틀림없었다.

감옥이 어둡고 견디기 어려운 곳이리라고는 생각하지 않았었다. 아무리 견디기 어려운 곳이라 하지만 아줌마가 두 달 동안에 저렇게 몰라볼 정도로 야위리라고는 꿈도 꾸지 못했었다.

해가 하늘 한가운데로 나섰는지 옥 안은 찌는 듯이 더웠다. 파리가 윙윙거리다가는 조용해지곤 했다.

대철이가 그것을 본 것은 전혀 뜻밖이었다. 목이 말라서 물그릇이 어디에 있나 하고 두리번거리는데 파리들이 윙윙거리는 곳이 한 군데 있었다.

칼을 쓰고 앉아 있는 아줌마의 무릎께에서 파리들이 날아오르다간 내려앉곤 하는 것이었다.

무슨 일인가 싶어서 가까이 가 본 대철은 하마터면

'악' 하고 비명을 지를 뻔하였다.

아줌마의 오금 언저리에서 흘러내리는 고름, 그곳에는 또 작은 벌레까지도 굼실거리고 있지 않은가.

"아줌마……. 이 고통…… 이 고통을 어떻게 참고 계셔요?"

대철이가 울먹거리며 말하자 천천히 눈을 뜨면서 대답했다.

"이보다 더 심한 고통을 받고 있는 교우들도 있는걸요. 나야 태장이라고 해서 볼기를 맞아 이렇게 되었지만 줄 주리를 당해서 뼈가 썩어 가는 사람도 있지요. 그리고……."

"그리고 또 뭐예요, 아줌마?"

"여자 교우 한 분은 열 손가락 손톱 밑에 대추나무 가시가 박히기까지 했어요. 주님은 우리의 인내를 어디까지 시험해 보시려는지 참 너무하신다는 생각이 들 때도 있어요."

"아줌마, 주님이 듣고 계셔요."

"죄송해요. 그러나 말이 나왔으니 한 마디만 더하게 해

줘요. 나는 도련님이 여기를 자수해서 왔다는 말을 듣고 도련님이 몰라도 너무 모른 바보 천치이거나 아니면 예수님의 모습 그대로일 것이라고 생각했어요."

"저는 바보이고 싶어요. 슬프고 기쁘고, 아프고 안 아프고는 모두 다 예수님께 미뤄 버리고 저는 그저 시키는 대로 따라 하는 바보가 되려고 해요."

"뭐라구요? 도련님 지금 뭐라고 하셨지요?"

갑자기 아줌마의 얼굴이 빛을 띠었다. 되묻는 목소리에 탄력이 느껴졌다.

"바보가 되려고 한다고 했어요. 슬프고 기쁘고, 아프고 안 아프고는 다 예수님께 미뤄 두겠다고요."

이때, 옥문 밖에서 옥졸의 신발 소리가 뚜벅뚜벅 났다. 이내 자물쇠가 따지면서 대철이의 이름이 불려졌다. 취조가 시작되는 모양이었다.

대철이는 땅을 보고 걸었다. 하늘을 보면 갑자기 예수님이 멀리 계시는 듯한 느낌을 받기 때문이었다.

'나는 힘이 없으니 같이 걸어요.'

대철은 이렇게 속으로 말했다. 모퉁이를 돌 때는 두

사람이 함께 지날 만한 사이를 두었고, 층계를 내려갈 때도 보이지 않는 그분과 발을 맞출 생각으로 일부러 천천히 걸었다.

"어린 녀석이 왜 어른들 걷는 흉내를 내!"

옥졸이 눈을 부릅떴지만 대철은 아무 대꾸도 하지 않았다. 예수님이 걸으시는 듯한 옆을 보고 눈을 찡긋해 보였다. 그러자 정말 예수님께서 대철이와 함께 걸으면서 눈을 찡긋해 보이는 것 같았다.

대철이는 힘이 솟는 것을 느꼈다. 포도 대장이 마루 위의 의자에 앉아 있고, 자신은 뜰에 무릎을 꿇려 앉아 있었으나 조금도 떨리지가 않았다.

"네가 역관 유진길의 아들 대철이렷다."

"그렇습니다."

"어린 녀석이 당돌하구나. 내가 왜 너를 잡아들인 줄 아느냐?"

"저는 잡혀 온 것이 아닙니다. 제가 스스로 찾아온 것이옵니다."

"이놈아. 이걸 알아야 해. 네가 자수해 왔기로손 내가 널 받아들이지 않았으면 그만이야. 아무리 천주쟁이라 하지만 너같이 어린 놈을 감옥에 가둬 본 적은 일찍이 없던 일이거든."

포도 대장은 수염을 한 번 쓰다듬었다. 그러고는 옆에 서 있는 포장한테 뭐라고 귀엣말을 했다.

"넌 네 아비를 만나고 싶지 않느냐?"

"만나고 싶습니다."

"그렇다면 내가 시키는 대로 하거라."

"무엇을 말입니까?"

"너희 아비를 만나게 해 줄 터이니 너희 아비한테 배교를 하라고 졸라라."

"그것은 할 수 없습니다."

"뭐라고?"

"저는 아버님 뒤를 따르고자 제 발로 여기에 들어왔습니다."

포도 대장은 대철이를 한동안 내려다보기만 했다. 무거운 침묵이었다.

포도청의 높은 담장 밑에는 잡초가 수북했다. 그 속에

서 '찌르르르' 풀벌레가 울었다.

물 밑 같은 고요를 포도 대장이 깨뜨렸다.

"가까이 오너라."

그러나 대철이는 풀벌레 울음소리에 귀를 기울이고 있었기 때문에 포도 대장의 목소리는 멀게 들렸다. 대철이가 눈을 둥그렇게 뜨고 바라보자 포도 대장은 다시 한 번 말했다.

"가까이 오라고 했다."

그것은 변화였다. 아주 큰 아량의 표시였다.

대철은 앞으로 나갔다. 댓돌 밑에 이르자 옥졸이 막았다.

"너희는 물러서라."

포도 대장은 보좌들과 옥졸들을 저만큼 물러나 있게 했다. 포도 대장의 목소리가 갑자기 내려갔다.

"너는 효라는 것에 대해 배웠겠지?"

"네."

"부모의 말을 잘 듣고 따르며 모시는 것은 일차적인 효이다. 그것은 글로 배우지 못한 상것들도 행한다. 그러나."

포도 대장은 잠시 말을 끊고 쉬었다. 다시 '찌르르르' 풀벌레 울음소리만 들렸다.

"그러나 배울 것을 바로 배운 양반의 자제라면 마땅히 한 걸음 나아가는 효도를 해야 하는 것이다. 부모라고 다 잘하는 것은 아니다. 더러 헛것에 빠져서 헤맬 때도 있다. 그럴 땐 자식이 나서서 바로잡아 주어야 한다. 그것이야말로 배운 사람의 효도이다. 내 말을 알겠느냐?"

풀벌레 울음소리가 갑자기 뚝 끊어졌다.

대철이의 대답이 없자 포도 대장의 목소리가 더 낮아졌다. 마치 은근한 말을 전할 때처럼 그렇게 낮은 목소리로 말했다.

"내가 왜 이런 말을 하느냐 하면 일찍이 너희 아버님의 학덕과 지조를 아꼈었기 때문이다. 그리고 또한 내게도 너만한 자식이 있기 때문이다."

대철은 고개를 들었다. 숱이 많은 눈썹과 불거져 나온 광대뼈. 그러고 보니 문수와 너무도 많이 닮은 얼굴이었다.

"대감님의 말씀도 잘 알겠습니다. 그러나 저는 이렇게 생각합니다. 부모가 택한 길이 옳지 못한 길이라면 따르지 않아야 마땅할 것입니다. 하지만 그 길이 바르고 옳은 길이라면 따르고 거드는 것이 자식된 도리가 아니겠습니까. 저는 저희 아버님께서 믿는 하느님이 진리요, 생명임을 저 또한 믿습니다. 그리고 하느님을 알게 해 주신 은혜를 낳아 주신 은혜보다도 더 감사하게 여기고 있습니다."

"이놈!"

갑자기 마당이 울릴 정도로 포도 대장의 목소리가 높아졌다.

"나는 그래도 애정을 가지고 한 말이거늘 저렇게 방자하게 말하는 놈을 내 일찍이 보지 못했다. 내 분함으로 말하면 당장 주리를 틀고 물고를 냈으면 시원하겠다만 나도 자식을 키우는 아비로서 한 번 더 인정을 베풀겠다. 저놈 아비 유진길을 끌어 내 오너라."

이때 대철은 문득 담장 밑 풀숲에서 갸우뚱 얼굴을 내

밀고 있는 꽃을 보았다. 해바라기. 그 꽃이 이제야 보이는 것은 참 이상한 일이라고 대철은 생각했다.

풀벌레 울음소리가 그치면서 쪽문이 열렸다.

대철은 고개를 돌리고 보았다. 피 묻은 옷자락이 먼저 보였다. 그리고 마구 헝클어진 머리가 보였다. 오랏줄에 묶여서 나오는 사람…….

"아버지!"

대철은 무너지듯 쓰러지면서 불렀다.

눈앞이 흐려져서 아무것도 보이지 않았다. 핏자국이 저녁놀처럼 지피는가 했더니 이내 무명옷 자락이 지나갔다.

그것은 아버지의 등이었다. 아버지는 아들이 있는 곳에서 반대편으로 얼굴을 돌리고 지나갔다.

옥졸이 마당이 쩌렁 울리게 소리질렀다.

"죄인 유진길을 대령했나이다."

그러자 포도 대장은 장죽의 담배 연기를 내뿜으면서 말했다.

"그래, 거기 있는 제 자식을 마주보게 하고 앉혀라."

그러나 대철의 아버지는 옥졸이 시키기도 전에 앉았다. 허리를 곧게 세운 앉음새였다. 대철의 아버지한테서 변하지 않는 것이라곤 바로 그것이었다. 그리고 불길이 오르고 있는 눈과.

"무릎을 꿇지 못할까!"

옥졸들이 육모방망이로 대철이 아버지의 허벅지를 내리 찍으며 소리질렀다.

그러나 대철의 아버지는 좀체로 무릎을 꿇으려 하지 않았다.

"그만두어라. 자식을 보라고 내가 특별히 허락한 자리이니 그렇게까지 심하게 할 건 없다."

포도 대장이 손을 들어 옥졸들을 물러나게 했다.

대철이는 그제야 자기가 무엇부터 해야 할 것인가를 생각해 냈다.

'그렇다. 이렇게 울고 있을 때가 아니다.'

대철은 벌떡 일어났다. 그러고는 아버지를 향하여 절을 했다.

"아버님 그동안 안녕하셨습니까?"

이렇게 인사를 올리자 다시금 목이 메었다.

지붕 위에서 참새들 우는 소리가 '쪼르르쪼르륵' 들렸다.

그러나 대철의 아버지 편에서는 아무런 응답이 없었다.

대철이가 보니 그의 아버지는 담장 가에 있는 잡풀더미 속에서 고개를 갸우뚱 기울여 내다보고 있는 해바라기한테 눈을 주고 있었다.

대철이가 '아버지!' 하고 불렀으나 귀가 먹은 양 잠자코 해바라기만 바라보고 있는 아버지.

"아버지, 아버님께서 한 마디라도 해 주십시오. 저는 아버님을 따르고자 들어왔습니다."

그제야 아버지 편에서 말이 흘러나왔다. 그러나 그 말은 너무도 짧았다.

"나는 네 아비가 아니다."

"아버지, 갑자기 그게 무슨 말씀이십니까?"

"이유는 곧 알게 될 것이다."

그렇다면 주워다 키운 아이라는 말인가. 왜 아버지는

갑자기 저런 말을 하는 것일까. 대철이는 다시 아버지를 보았다.

대철이 아버지는 여전히 해바라기에 눈을 준 채 꼼짝도 않고 있었다. 다시 들리는 풀벌레 울음소리……

대철이가 '아버지, 그게 무슨 말씀이십니까? 아버지가 저의 아버지가 아니시라뇨?' 이렇게 한 번 더 물으려 했을 때였다.

포도 대장이 먼저 입을 열었다.

"여봐라, 형틀을 내와서 저 아들놈을 거기다 달아 매거라!"

이때 대철이 아버지도 한 마디 했다.

"너는 내 아들이 아니고 하늘에 계신 주님의 아들이다. 알겠느냐?"

그러나 대철은 그것이 무슨 의미가 있는지를 몰라서 얼른 대답을 하지 못했다.

무심히 울고 있던 풀벌레들이 옥졸들에 의해 형틀이 옮겨져 와서 '쿵' 하고 소리를 내고 놓이자 울음을 뚝 그쳤다.

그동안 얼마나 많은 사람들이 오르내렸으면, 그리고 얼마나 많은 눈물과 신음이 배었으면 저렇게 나무에 때가 절었을까.

'아아. 나무야, 죄가 많은 나무야. 너는 어떻게 해서 형틀이 되었느냐. 주여, 저 나무도 불쌍히 여기소서.'

기도하고 있는 대철이를 옥졸들이 끌어다가 형틀에 묶었다.

포도 대장이 담뱃대를 재떨이에다 '탕탕' 치면서 말했다.

"죄인 유진길은 듣거라. 너 같은 아비를 따른 죄로 네 자식이 태장을 맞는다. 그러나 지금도 늦지 않았다. 네가 배교만 한다면 네 자식은 물론 너도 바로 내보내 주겠다."

그러나 대철이 아버지의 표정은 처음 그대로였다.

구름이 해를 지나면서 그늘을 늘어뜨렸으나 그것은 잠깐일 뿐 다시 햇빛이 화안하게 쏟아졌다.

포졸들이 달려들어 대철이의 바지를 무릎 아래로 끌어내렸다.

뿌우연 우유 빛깔의 아들의 살갗이 드러나자 아버지는 눈을 감았다.

"철썩."

몽둥이가 아들의 맨살 위에 떨어졌다. 순간 아버지의 귓볼이 움직이는 것 같았다. 그러나 이내 표정이 골라졌다.

"하나요." 하고 셈을 하는 포졸이 주판알 하나를 오른편에서 왼편으로 옮겼다.

태장은 살을 찢는 매였다.

주판알이 일곱을 넘겼을 때는 대철이의 볼기에서 피가 묻어나기 시작했다.

열세 살짜리 소년이기 때문에 살은 연해서 얼른 터졌고 피는 더 붉었다.

"아버지……."

대철이는 신음 소리와 함께 아버지를 불렀다.

"아버지, 아버지, 아버지이."

그러자 이상한 일이었다.

형틀로부터 대답 소리가 흘러나오는 것 같은 느낌을

대철은 받았다.

'내가 여기 있다. 아들아, 내 여기 있다. 아들아.'

대철은 형틀에 바짝 얼굴을 대고, 귀를 기울였다. 형틀이 전에 없이 따뜻하게 느껴졌다.

눈물과 신음이 얼룩져서 그렇게 보인 것이었을까. 형틀이 갑자기 십자가의 모습으로 변하는 것 같았다.

십자가와 똑같은 형틀로부터 들려 오는 소리가 있었다.

'아이야. 네 그 육신의 아픔을 내가 안다. 나도 그런 아픔을 당해 보았거든. 그리고 또 여기서 내 이름으로 고통 받은 이들을 얼마나 많이 만나 보았는지 모른다. 그들의 눈물과 피가 이렇게 내 온몸을 적시고 있지 않느냐. 아이야, 울고 싶으면 울려무나. 자, 내가 너의 눈물을 닦아 줄 테니. 나는 너희들의 눈물을 닦아 주고자 이 땅에 온 것이니라.'

작은 예수님

대철이가 정신이 들어 눈을 떴을 때는 옥 안이었다. 언제 어떻게 정신을 잃었는지 종잡을 수가 없었다. 산 고갯마루에서 들녘으로 잦아지는 아득한 길을 보는 것 같은 기분이었다.

"쉰이오." 하는 포졸의 커렁커렁한 목소리가 생각났다.

"지독하구나. 아들이나 아비나 헛것한테 미쳐도 보통 미치지 않았구나. 내 이런 일은 처음 본다."

이것은 포도 대장의 목소리.

아, 또 생각난다. 불덩이처럼 내다보던 해바라기의 얼굴……. 그렇다. 깡마른 얼굴이었다. 처음에는 해바라기의 얼굴로 풀숲에서 갸우뚱 내다보고 있다가는 형틀을 꺼내 오자 대철이보다 먼저 형틀에 누웠다. 그러고는 태장을 맞는 대철이를 안고 위로하였다.

'이 고통을 견뎌 내지 못하고서 내 얼굴에 침을 뱉고 돌아가는 사람들도 나는 보았었지. 더러는 내가 여기 있는데도 하늘을 보면서 '주여, 어디 계시나이까.' 하고 찾는 이들도 있었고. 그러나 아이야, 너는 알고 있거라. 너희가 매를 맞을 때 나도 맞는다. 너희가 아파할 때 나도 아프고 너희가 피를 흘릴 때 나도 피를 흘린다. 너희가 목에 칼을 받을 때 나도 칼을 받으며, 너희가 숨을 거둘 때 나도 숨을 거둔다. 하지만 아이야, 이것이 우리가 사는 모든 것이 아니다. 가을날에 시드는 풀잎처럼 죽는 것 같으나 사람의 칼에 의해 우린 결코 죽지 않는다. 우리는 반드시 다시 살아난다. 봄이 오면, 풀잎이 다시 파랗게 돋아나듯이 말이다.'

살이 하나도 없는 얼굴이 점점 가까이 다가왔다. 퀭하게 뚫린 눈과 드러난 광대뼈와…….

대철이가 눈을 감았다가 다시 떠 보니 최영이 아줌마

의 얼굴이 거기에 있었다.

"도련님이 참아 내셨군요. 정말 장하셔요."

대철이가 일어나려고 하자 아줌마가 손을 들어 막았다.

"안 돼요. 더 좀 누워 있으세요. 도련님의 볼기 상처는 너무 심합니다."

그러고 보니 엉덩이가 숯불에 얹힌 듯이 후끈거렸다.

아줌마가 치맛자락을 찢어서 물수건을 만들어 얹어 놓고 있었다.

"다행히도 비를 내려 주셔서……."

아줌마의 목에 울음이 걸렸다.

대철이는 귀를 기울였다. 처마 물 듣는 소리가 '또옥 똑' 들렸다. 모기가 간혹 앵앵거렸고 옥졸의 컹컹거리는 기침 소리가 멀리서 들려 왔다.

어두운 밤이었다.

이 옥의 어디쯤인가에는 아버지도 있으리라. 바로 앞에서 태장을 맞고, 기절을 하는 아들의 모습을 지켜보는 아버지의 마음은 어떠했을까. 아버지는 이 밤에 아들보다도 더 큰 아픔을 안고 있을 것이다.

대철이는 문득 저 비는 아버지의 눈물일 것이라는 생각을 했다. 그제야 대철은 뜨거운 것이 뺨을 타고 흘러내려오는 것을 느꼈다.

최영이 아줌마가 물수건을 마른 수건으로 바꾸면서 다시 입을 열었다.

"저는 도련님이 돌아오실 때까지 도련님이 끌려 나가시기 전에 했던 말을 묵상하고 있었어요."

"제가 무슨 말을 했었는데요?"

"바보가 되려 한다고 했었지요. 슬프고 기쁘고, 아프고 안 아프고는 다 예수님께 미뤄 버리신다구요."

"그랬었지요. 그러나……."

"아냐요. 그렇게 생각하니 저한테도 기쁨이 왔어요. 바보가 되었다고 생각하니 그렇게 마음이 편할 수가 없었어요. 저는 밤마다 이 생각 저 생각으로 잠을 이루지 못했어요. 어쩌다가 잠이 들기라도 할 때는 귀신이 또 나와서 못살게 구는 것이었어요. 그런데 도련님의 말을 묵상하고 있자니 아주 편한 잠이 왔어요."

"그러나 아줌마, 지금은 또 달라졌는걸요."

"어떻게요?"

아줌마의 눈이 어둠 속에서도 까맣게 빛났다. 까만 속의 까만 빛.

대철이는 낙숫물처럼 쉬엄쉬엄 말을 이었다.

"그분은 너무 많이 아프고 너무 많이 괴로워요. 할 수만 있다면 아프고 슬픈 것은 우리가 가지고 기쁨과 즐거움을 그분께 드려야 할 것 같아요."

"도련님, 어떻게 그런 생각을 하셨어요?"

"형틀에 묶여서 태장을 맞을 때 그분을 보았어요. 그분은 곧 형틀이셨어요. 눈물과 피로 범벅이 되어 있었어요. 그러면서도 그분은 작은 아픔을 참지 못해 우는 나를 나무라시지 않고 달래 주셨어요. 눈물을 닦아 주시며 말씀하셨어요. 봄이 오면 풀잎이 돋아나듯이 우리는 다시 살아난다고요."

도저히 참을 수 없었던지 아줌마가 흐느끼기 시작했다.

"아줌마, 울지 말아요. 우리 이 고통을 즐겁게 받아들이도록 해요. 그러면 그분도 기뻐하실 거예요. 그분께선 우리가 아파할 때 함께 아파하시고 우리가 슬퍼할 때 함께 슬퍼하신다 했거든요. 우리가 이 슬픔을 이겨내서 웃게 되면 그분한테 얼마나 좋은 위로가 되겠어요?"

"아아, 작은 예수님!"

아줌마가 무릎을 꿇고 성호를 그었다. 어디선가 종 소리가 들려 오고 있었다.

너무 지친 때문이었을까. 대철이는 다시 잠 속으로 떨어졌다. 밤새 비가 오락가락한 것처럼 대철이의 이마에도 열꽃이 피는가 하면 지고, 지는가 하면 또 피었다.

닭이 울었다. 밤이 물러가고 있음을, 그리고 새벽이 막 당도했음을 알리는 첫 소리였다. 이제 곧 하늘의 푸른 가슴이 열리고 새들이 날아오르리라.

그러나 갇혀 있는 사람들로서는 하나도 반가울 게 없는 아침이었다. 오늘은 또 누가 끌려 나가서 배교하기를 강요당해야 하는가, 한숨이 뭉게구름처럼 일었으며 몸서리가 쳐지는 낯이었다.

차라리 어둡지만 밤이 나았다. 옥졸들이 불러 내서 고문을 하는 일이 훨씬 적었으므로.

더구나 밤에는 그래도 마음놓고 기도를 할 수 있었기 때문에 갇힌 교우들은 밤이 길고 낮이 짧기를 원하기조차 했었다. 하지만 어김없이때가 오면 날이 새었고, 때가 오면 또 날이 저물었다.

이제 밤이 가니 또 한낮이 시작되고 있지 않은가.

해가 뜰 때에만 잠깐 머물고 가는 햇볕이 이내 옥의 창살을 비추었다.

그러나 대철이는 깨어나지 않았다. '예수님, 예수님.' 하고 부르면서 흐느끼는가 하면 '아버지, 아버지.' 하고 깔깔거리기도 했다.

그러던 대철이가 눈을 뜬 것은 점심 나절이 한참 지나서였다. 그동안에 뭉게구름이 떠서 흘러갔고 초가을의 서늘바람이 옥 속에까지도 닿곤 했다.

"도련님, 물이라도 좀 마실래요?"

최영이 아줌마가 쪽박에 든 물을 가지고 왔다.

"고마워요. 아줌마."

대철이는 불끈 윗몸을 일으켜 호리를 반쯤 들고는 최영이 아줌마가 방울방울 부어 주는 물을 받아 먹었다.

그때였다. 대철이는 아줌마가 부축해 준 팔꿈치께에서 이상한 느낌을 받았다. 그것은 대철이의 팔꿈치가 닿은 아줌마의 배로부터 들리는 소리였다. 마치 전율과도 같은.

놀라기는 최영이 아줌마도 마찬가지였다.

"어머나!"

물그릇을 떨어뜨리며 뒤로 물러났다.

"아줌마. 웬일이세요?"

"아기가……."

"네? 아기라뇨?"

"도련님. 제 안에서 아기가 움직였어요. 저는 이제껏 이 모진 시련 속에서 지워진 줄 알고 있었는데……."

"도련님께 말씀드리지요. 저는 홀몸이 아니었어요. 잡혀 왔을 때 이미 남편의 아이를 임신하고 있던 몸이었어요. 그런데도 이 무정한 포졸들은 내 말을 곧이듣지 않았어요. 그저 배교만 하라고 을러댈 뿐이었어요."

"아줌마, 국법에 임신한 여인은 사면하여 주기로 되어 있어요."

"그러나 이들은 들은 척도 하지 않았어요. 죄질이 나쁘다며 더 심하게 고문을 했어요."

아줌마는 한참 말을 쉬었다. 배를 가만가만히 쓰다듬어 본 다음에 말을 이었다.

"그동안 저는 험한 고초를 당하면서 피를 두 번이나 크게 쏟았어요. 그래서 내 아기가 손발도 생기기 전에 하느님 나라로 돌아간 줄 알고 있었는데 지금도 살아 있군요. 도련님 팔을 툭 치면서 장난을 걸지 않는가요!"

"그래요. 아줌마의 아기가 나와 친하고 싶은가 봐요. 엄살을 부리지 말고 일어나 나하고 놀자, 이렇게 말한 거 같았어요."

대철이의 얼굴에 핏기가 돌아왔다. 어디서 그런 힘이 났는지 벌떡 일어났다. 그러고는 벽을 짚고 서서 말했다.

"아가야, 내가 재주 넘어 볼까?"

대철이는 최영이 아줌마 앞에서 물구나무를 섰다. 그러나 금방 푹 고꾸라지고 말았다.

"도련님."

아줌마가 깜짝 놀라며 안아 일으켰다. 그러나 대철이는 한쪽 눈을 찡그러서 아픈 표정을 지으면서도 입가에는 여전히 장난기를 물고 있었다. 울지도, 웃지도 못하는 바로 그런 얼굴이었다.

아줌마는 웃음을 터뜨렸다. 감옥에서 처음으로 소리를 내어 웃어 보는 웃음이었다.

'하하하' 하고 뱃속의 아기도 따라 웃는 것 같았다.

아줌마는 웃다 말고 갑자기 조용해져 버린 대철이를 돌아보았다.

대철이는 벽에 뺨을 대고 옆으로 앉아 있었다.

"도련님, 무슨 생각을 하고 있는가요?"

그러나 대철이는 아무 대답도 하지 않았다.

"이번에는 무얼로 웃길까, 그걸 생각하시는가요?"

가까이 다가간 아줌마는 깜짝 놀랐다. 방금까지만 해도 간지럼을 탄 것처럼 낄낄거리며 재주를 넘은 대철이의 얼굴이 온통 눈물에 젖어 있지 않은가.

"도련님, 왜 갑자기 그러세요? 어디가 크게 아프신가요?"

"아니요, 아줌마, 아파서 그러는 게 아냐요."

"그럼 왜 그러세요?"

"아기한테 미안해서 그래요. 좋은 세상이 돼서 아기가 복 받고 태어나게 된다면 얼마나 좋을까요? 그런데 어른들이 악해서 아기가 태어나기도 전에 이 험한 고생을 하다니……."

"그렇지만 도련님! 제가 도련님을 만나서 한 감방 안에 있게 된 것도 얼마나 큰 주님의 은혜인가요? 그리고 비록 아직 태어나지는 않았지만 아기가 도련님을 태 안에서 만나게 된 것도 주님의 크신 뜻이 있을 거예요."

대철이가 가만가만히 성가를 부르기 시작했다. 아줌마도 따라 했다. 두 사람의 성가 소리가 벽을 타고 흘러가자 저 쪽에서 또 한 사람의 성가 소리가 합해졌다. 또 한 사람이, 또 한 사람이. 이렇게 하여 나중에는 성가가 옥 안 구석구석을 가득 메웠다.

"알렐루야 노래하자.

기쁜 때가 왔도다.

온 세상에 기쁜 소식

용약하여 전하자."

옥졸들이 달려오기 시작했다.

"그치지 못할까! 그치지 못할까!"

옥졸들은 소리소리 질렀다. 그 중에 애꾸눈인 옥사장이는 육모방망이로 성가를 부르는 사람들의 입을 내지르기도 했다.

"오, 주 예수 부활하사

우리 죽음 물리쳤네.

알렐루야 주 예수

기쁘고 즐겁다.

영화로이 사셨네."

"이놈아, 냉큼 입 닥치래도!"

그러나 대철이는 성가를 계속 불렀다. 맹수처럼 노려보는 옥졸들을 향해 미소를 띠고 마주보는 것이었다.

"허허, 녀석 참."

나이 든 옥졸은 고개를 설레설레 흔들면서 가 버렸으나 옥사장이는 열쇠 꾸러미를 들고 다시 나타났다.

"너 이놈의 자식, 내가 오늘 네놈의 버르장머리를 고쳐 놓을 테니 어디 두고 봐라."

문을 열고 옥사장이는 대철이의 머리를 잡아 끌었다. 그러고는 벽에 '쿵쿵' 소리가 나게 찧으며 문 쪽으로 끌고 나갔다.

"어려서 그래요. 한 번만 봐 주세요."

최영이 아줌마가 붙들고 늘어졌으나 발길질 한 번에 아줌마는 저만큼 나가 뒹굴고 말았다.

애꾸눈 옥사장이는 대철이의 두 손과 두 발을 엮어서 창살에다 묶었다. 흡사 닭을 붙들어 매어 놓은 모양과 같았다.

"이놈아, 그 따위 노래 부를 테냐? 부르지 않을 테냐?"
"왜요? 왜 성가도 못 부르게 하는 거예요?"
"그건 임금님이 금지시킨 너희 천주쟁이들 노래가 아니냐?"

"그래요. 우리들의 성가예요."

"그러니까 안 되는 거야. 임금님이 금지시킨 것은 아무 것도 할 수 없어."

"할 수 있어요. 땅의 임금님은 지금뿐이지만 하늘의 하느님은 어제나 지금이나 내일이나 항시 변치 않고 영원하다고 했어요."

"이놈이 못 하는 말이 없군. 좋다, 그렇다면 내가 뜨거운 맛을 보여 주마."

옥사장이는 화로 속에 달구고 있던 담배통을 꺼냈다. 담배통을 지푸라기에 대자 금방 지푸라기가 연기를 내며 탔다.

"어떠냐? 내가 어떻게 할 것인지 알고 있겠지?"

"알고 있어요."

어두운 벽의 저편에 한 줄기 빛이 있었다. 자세히 바라보니 그 빛은 샘 줄기처럼 찰랑거리는 작은 아기의 손이었다.

보이지 않는 벽 속으로부터 들려 오는 소리가 있었.

'이제 곧 네 살 위에 불덩어리가 놓이면 이 아기의 손

위에도 불덩어리가 놓인다. 어느 살이 더 뜨겁겠느냐?'

순간 대철은 허벅지에다 확 피는 불을 느꼈다.

옥사장이가 불에 단 담배통으로 대철이의 넓적다리를 내리치면서 소리지르고 있었다.

"이래도 천주를 버리지 않겠느냐?"

"그러문요. 이것쯤으로 배교할 줄 아세요?"

옥사장이는 담배통을 손에서 떨어뜨렸다. 신음 소리도 내지 않고 대답하는 바람에 가슴이 떨리고 손발이 떨렸던 것이다.

대철이는 마음 속으로 기도하고 있었다.

'하느님, 저한테 불덩어리를 하나 더 얹어 주시더라도 아기의 저 하얀 살 위에는 불덩어리를 올리지 말게 하소서.'

이때 옥사장이가 부젓가락으로 벌건 숯덩이를 집어 들고 말했다.

"이놈아, 입을 벌리거라. 이 불붙고 있는 벌건 숯덩이를 먹여 줄 테니."

작은 예수님 • 141

그러자 마치 대철이는 기다리고나 있었다는 것처럼 입을 벌렸다.

"자요!"

순간 옥사장이는 부젓가락을 든 채 뒤로 두 걸음 물러났다.

"이놈이 제정신인가. 아무리 그렇더라도 불을 먹겠다고 입을 벌리다니……."

옥사장이는 부젓가락을 집어 던지며 사라졌다.

대철이는 다시 눈을 감았다.

캄캄한 벽의 저편에 이번에는 빛살이 둥그런 테를 이루고 있었다. 빛살 속에는 작은 아기가 벙긋거리고 있었다. 그런데 아기의 넓적다리 살이 한 점 떨어져 나가고 없지 않은가.

두리번거리는 대철이의 귀에 들려 오는 소리가 있었다.

'내 이 살점은 바로 네 상처로 옮겨져 있다.'

대철이가 옥에 들어온 지도 어느덧 한 달이 지나갔다.

그동안에 계절은 여름에서 가을로 바뀌었고 대철은 문초당하기를 열네 번, 고문당한 것 열네 차례에 태형 600대와 치도곤 45대 이상을 맞아서 온몸이 상처투성이요, 뼈가 부러지고 살이 헤어져서 잘 움직이지도 못하는 몸이 되어 있었다.

그런데도 대철이의 얼굴빛은 맑았다. 오히려 함께 있는 최영이 아줌마를 위로하면서 최영이 아줌마의 태중 아기에게 기쁜 얘기를 들려 주는 노력도 계속하고 있었다.

"아줌마, 오늘은 우리 주님이 지으신 아름다운 이 세상 풍경을 아기한테 서로 번갈아 가면서 들려 주도록 할까요?"

"어떻게요? 도련님 먼저 해 봐요. 그럼 나도 따라 해 볼게요."

"우선 지금 들리는 것부터. 저렇게 은근하게 우는 귀뚜라미 울음소리."

"가을비 그친 다음에 듣는 낙숫물 소리도 아름다워요."

"새벽 별빛은 또 얼마나 아름다운가요."

"목단 꽃잎에 달려 있는 이슬 방울요."
"파리가 창호지 새로 바른 문에서 앞발을 들고 싹싹 비
 는 것도 귀여워요."
"얼음 밑으로 다니는 작은 물고기도 귀여워요."
"소나무 위에 쌓여 있는 눈."
"바닷가에 겨울이면 밀려 오는 성에도 참 맑아요."

이때 먼 곳으로부터 인기척이 났다. 그것은 옥을 향해 걸어오는 옥졸들의 발소리였다. 옥 안은 쥐 죽은 듯 고요했다. 실바람에 의해 풀잎과 풀잎이 스치는 소리까지도 들려 오는 듯하였다.

옥 안에 갇혀 있는 사람들은 저마다 귀를 기울이고서 옥졸들의 발소리가 어느 옥 앞에서 멈추는가를 가늠하고 있었다. 자기네 옥에 가까이 오면 가슴을 조였고 지나쳐 가면 안도의 숨을 내쉬었다.

그러나 대철이는 옥졸들의 발소리를 못 들은 양, 말을 계속했다.

"쥐구멍 속에서 밖을 내다보고 있는 생쥐의 초롱한 눈
 동자도 어여뻐요."

"……."

"아줌마! 왜 받지 않으세요?"

"네? 도련님 지금 뭐라고 하셨지요?"

"아줌마도 참. 지금 우리는 주님이 지으신 이 세상의 아름다운 풍경을 번갈아 가면서 말하고 있지 않았는가요."

"아아, 그랬었지요."

"이번 차렌 아줌마여요."

"도련님이 계속해 주세요. 전 더 이상 떠오르지 않아요."

"털보 옥사장이의 귓불도."

"그 악독한 털보 옥사장이 말인가요?"

"그래요. 그 옥사장이의 눈은 독사 눈 같지만 귓불은 키 큰 신부님의 것처럼 솜털이 보송보송해서 아름다워 보여요."

"도련님은 정말 천사로군요."

순간 최영이 아줌마가 몸을 떨었다. 옥졸들의 발소리가 바로 앞에서 멈추었던 것이다. '철커덕' 하고 자물쇠가 따지고 옥문이 열렸다.

"죄인 최영이 나오거라!"

최영이 아줌마가 비틀거리며 일어났다. 벽을 짚고 옥문 쪽으로 걸어 나갔다. 옥졸들이 사납게 아줌마를 끌어내 갔다.

최영이 아줌마가 뒤를 돌아보고 대철이를 향해 고개를 한 번 끄덕여 보였다.

대철이는 입을 꾹 다물고 있었다. 그러나 어디로인지 자꾸만 바람이 새어 나가고 있는 것 같았다. 어깨가 떨려 오면서 아랫도리가 흔들렸다. 나중에는 이까지 딱딱 딱 마주쳤다.

앞에 도깨비가 히죽이 웃으면서 나타났다.

― 너 보았지?

― 그래, 보았다.

― 그 여자가 어떻게 되는지 알고 있지?

― 그럼, 알고 있지.

― 살아서는 돌아오지 못할걸.

― 아기도 죽을까?

— 바보 같으니라고! 그래. 엄마가 죽는데 뱃속의 아기가
 살아 남는다는 얘기 들어 봤어?

대철은 무릎 사이에 고개를 묻었다. 감옥에 들어와서 두 번째로 항복해 버리고 싶다는 생각을 했다.

첫 번째는 팔월 그믐께 태장을 맞을 때였다. 매에 의해서 그렇게 된 것이 아니고 음식 내음과 웃음소리가 대철이를 그렇게 약하게 만들었다. 태장을 때리다 말고 옥졸들은 밥을 먹겠다며 안으로 사라졌다. 이내 밥과 고깃국 내음이 흘러나왔다. 숟가락과 젓가락 부딪치는 소리도. 콩밥 한 덩어리와 쓴 소금 국으로 하루의 끼니를 때우는 대철이로서는 자꾸만 입에 침이 고인 것을 어찌할 수 없었다.

저 쪽의 세계가 별천지처럼 느껴졌었다. 무엇 때문에 이 고생을 하여야 하는가 하는 의문이 새삼스럽게 생겨났다. 그때 또 웃음소리가 들려 왔다. 대철이는 순간 항복한다고 말하고 싶었다. 당신들이 시키는 대로 다 하겠다고 소리지르려 하는데 입이 바싹 말라 있어서 혀가 얼른 돌지 않았다.

그때 뇌성이 울리면서 소리가 왔다. 금방이라도 땅과 하늘을 다 휘저어 버릴 것처럼 '우르릉 꽝꽝' 천둥도 쳤다. 음식 내음도 웃음소리도 일순간에 없어져 버렸다.

'아아, 하느님.'

대철은 그때에 바보 같은 자신이 부끄러워져서 울고 또 울었다.

그러나 오늘은 달랐다. 아줌마의 태중 아기에게 무슨 죄가 있는가? 아줌마가 태중 아기를 위하여 배교를 한다 하더라도 탓할 수 없는 일인 것 같았다.

도깨비가 다시 히죽거리는 얼굴로 나타났다.

— 나하고 같이 가지 않을래?

— 어디 가는데?

— 죽지 않고 살 수 있는 곳.

— 거기가 어딘데?

— 저기 저 바깥.

— 거기에 가면 아기도 있어?

— 아기는 못 오는 곳이야.

— 그렇다면 거기는 지옥인가 보구나. 죄 한 점 없는 아기가

못 가는 곳이라니. 속이려고 하지 마.

그러자 도깨비는 천천히 다가왔다. 눈은 눈을 쏘아 보며, 코는 코를 향해 숨을 쉬고, 입은 입을 향해 덤벼들었다. 유황처럼 불붙고 있는 독기에 금방 대철이는 녹아 버릴 것 같았다.

그러나 대철이는 눈을 감지 않았다. 숨을 멈추지 않았고 입도 피하지 않았다.

"오너라."

대철이는 중얼거렸다.

"너 같은 독기에 쓰러질 내가 아니다. 예수님이 말씀하셨다. 내가 어디에 있든 우리 예수님이 함께 있다고 하셨다. 지금도 그렇다. 우리 주님은 나와 함께 있다. 알겠느냐?"

햇볕에 지워지는 눈발 같았다. 그렇게 도깨비는 흔적 없이 녹았다. 대철이의 눈에는 눈이, 코에는 코가, 그리고 입에는 입이 닿자마자 도깨비의 것은 없어져 버렸다.

대철이가 정신을 차리고 보니 온몸에 땀이 흥건했다. 흡사 먹을 감은 것 같았다.

대철이는 이때 온몸을 덮고 있는 상처가 일시에 가셔 버린 듯한 느낌을 받았다. 겨드랑 밑에 날개가 솟아난 듯한 기분이었다.

 눈에도 새로운 것이 비치고 코에도 새로운 내음이 와 닿았다. 손바닥만한 옥창 너머로 보이는 푸른 하늘빛, 그리고 새털 모양으로 흘러가는 작은 구름 깃하며.

 아, 그리고 또 지금 와 닿고 있는 내음은 상큼한 꽃 향기가 아닌가. 이 썩어 가는 방, 항시 지린 내음과 곰팡이와 피고름 내음으로 가득한 옥 속을 향기가 비집고 들어올 수 있다니…….

 아니다. 전에도 향기는 바람에 실려서 들어왔을 것이다. 손바닥만한 창에 하늘이 걸려 든 적은 오늘만이 아니었던 것처럼.

 그것이 다만 눈에 보이지 않고 코에 느껴지지 않았을 뿐.

 대철은 새 눈, 새 코를 얻은 것 같아서 가슴이 두근거렸다.

 대철은 새삼스럽게 눈을 만져 보았다. 코도 만지고 귀

도 만져 보았다. 새로 돋아난 듯한 귀를 가만히 기울여 보았다. 들려 오는 소리가 있었다. 아주 먼 데로부터 들려 오는 것은 까치 소리였다.

'기쁜 소식이 있으려나?'

연둣빛 기다림이 고이는 귀에 이번에는 둔탁한 발소리가 들렸다.

'아줌마다.'

대철이는 무릎으로 기었다.

고문당하고 들어오는 아줌마를 문 앞에서 맞이하고 싶었다. 그러나 대철이가 문에 이르기도 전에 최영이 아줌마는 옥 속으로 던져졌다.

피비린내와 함께 엷은 신음 소리가 옥 안에 퍼졌다.

"아줌마, 오늘도 우리는 이겼어요."

대철이는 쓰러져 있는 최영이 아줌마를 향해서 조용히 말했다.

아줌마의 눈꺼풀이 가늘게 떨리더니 이내 눈이 열렸다.

"아기도……"

"그래요, 아줌마. 아기도 이겼어요."

대철이는 가만히 아줌마의 배 위에 손을 얹었다. 그러자 기다리고 있었다는 듯이 가느다란 감촉이 손에 잡히더니 가라앉았다.

그렇다. 아기도 지금 쓰러져 있다. 가늘게 숨을 쉬며 신음하고 있다. 매맞은 엄마의 뱃속에서 아기는 얼마나 더 아팠을까? 얼마나 더 울었을까?

"아아, 아가야!"

대철이는 두 손을 모아 쥐었다.

"미안하다, 아가야. 세상에 태어나기도 전에 태중에서 고통을 받다니. 아가야, 미안하다, 아가야. 아파도 울지 마, 아가야. 네가 울면 우리 모두가 슬퍼지니까. 나도 울고 싶을 때가 많아. 그러나 너를 생각하고 참는단다."

아줌마의 눈에서 눈물이 흘렀다. 대철이의 눈에서도 눈물이 넘쳐 나왔다.

"아가야, 너도 우니? 울지 말라니까. 그래, 그래. 나도 안 울게. 아줌마도 울지 말아요. 우리 예수님이랑 함께 살 하늘나라를 생각해요. 진달래 피는 산으로 소풍 가는 걸 생각해 봐요. 따뜻한 봄날 예수님이랑 아기랑 손 잡고 가면서 부를 노래 생각해 봐요. 하늘은 푸르고요. 산들바람 불고요. 우리 숨바꼭질할까요? 예수님이 술래가 되면 아기랑 나는 꽃 속으로 숨을래요. 예수님은 우리가 숨어 있는 꽃나무를 못 알아보고 그냥 지나쳐요. 아기와 나는 그것이 재미있어서 쿡쿡쿡 웃지요. 아기야, 그렇지?"

그러자 아줌마의 배가 불룩하게 솟았다. 대철이의 말에 응답하는 것처럼.

아줌마도 눈물을 그치고 잔잔한 미소를 떠올렸다.

"참, 도련님께 드릴 것이 있어요."

"저에게요?"

"네, 취조 받는 곳에서 대감님을 뵈었어요."

"우리 아버지를 만났다구요?"

"네. 옥졸들 눈을 피해서 대감님이 저에게 편지를 주셨어요. 도련님께 전해 달라구요."

아줌마는 품 속에서 편지를 꺼내 놓았다.

대철이는 옷섶을 여미고 두 손으로 편지를 받았다. 절을 하고 봉투를 열었다.

주님께 영광.

대철아 받아 보아라.

고마운 친구로부터 지필묵을 도움 받아서 급히 몇 자 적는다. 먼저 우리 주님께서 너와 함께 옥살이를 하게 해 주신 은혜를 묵상해 본다. 우리가 한 핏줄의 아비와 자식으로 이 세상살이를 하게 해 주신 주님의 배려도 고마운 일이지만 함께 주님을 모시고 저 세상에까지 가게 해 주신 복이야말로 얼마나 큰 은혜이냐. 네가 영세를 하던 날 나는 쌍무지개가 뜨는 걸 보았었지. 그런데 그 날의 그 쌍무지개가 너와 내가 이처럼 옥에 갇히고 또 목숨을 바치게 될 예정임을 미리 알게 한 것이었구나 하고 이제야 깨닫고 있다.

며칠 전 옥중에 성가가 울려 퍼진 일을 기억하고 있다. 나도 성가를 따라 부르면서 이 엄청난 고통중에서도 네가 하느님을 찬양하고 있음을 다시 한 번 확인할 수 있어서 얼마나 감사드렸는지 모른다. 우리는 이 세상살이가 잠깐에 불과한 것임을 알아야 한다. 하루살이의 삶이 하루인 것에 비하면 우리 인간의 삶은 제법 길다고 할 수 있을지 모른다. 그러나 굴러다니는 돌멩이의 세월에 비하면 우리 인간의 수명은 그 돌멩이의 부스러기인 한 톨 모래알의 기간도 되지 못한다. 장자에도 나오듯이 잠시의 꿈에 불과한 이 세상살이를 지금이 고통스럽다고 해서 영혼을 저버린다면 얼마나 우둔한 일이겠느냐. 우리들 육신의 삶은 그날부터 영원히 이어지는 것이니까.

지금 우리를 묶고 있는 이 포승은 우리가 하늘로 갈 때는 날개가 될 것이며 태장을 맞고 주리가 틀린 상처마다는 주님의 피와 살로 복원될 것이다. 그러하니 우리는 지금 나쁜 꿈을 꾸고 있다고 생각하자. 이 꿈을 깨고 나면 하느님의 나라를 볼 수 있을 것이니 죽음도 두려워할 것이 못 된다. 형장의 칼을 받는 날이 곧 꿈을 깨는 날이니 도리어 즐거워할 일이다. 다만 그 날까지 예수님의 형제됨에 부끄러운 일이 없는가, 그 점을 중요시할 일이다.

나는 오늘도 기도하고 있다. 네가 약해질 때 주님의 말씀으로 힘 삼기를 고통중에 영혼이 자라나는 눈금 보기를 바란다. 세상의 무기 중에 가장 센 무기는 사랑임을 알기 바라며, 자신을 쓰러뜨리는 것은 바깥의 미움이 아니라 자기 안의 미움인 것을 알기 바란다. 순간마다 지나침이 없는지 확인하기를 바라며 육신의 아픔보다는 영혼의 아픔을 더 느끼기 바란다. 무슨 일에나 생각하기를 단순히 하며 주님께 접붙인 사람으로서 부끄러움이 없는지 반성하며 살기를 바란다.

아마도 나는 이 달 안에 형장으로 끌려가게 될 것 같다. 참수의 소식을 듣더라도 놀라지 말고 기도나 열심히 하고 있거라. 너 있는 곳에 아비의 마음도 항시 같이 있으니.

아버지 유진길 씀.

너 있는 곳에

대철이의 아버지는 9월 들어 두 번이나 끌려가 고문을 받았다.

한 번은 팔 주리를 틀렸고 한 번은 톱질을 당하였다.

팔 주리를 틀기 위해선 먼저 두 팔을 모아 팔꿈치 위에까지 붙잡아 맨다. 그러고는 굵은 참나무 몽둥이를 지렛대처럼 이용하여 어깻죽지가 서로 맞닿다시피 되게 하여 고통을 준다. 그러고는 한참 있다가 팔의 결박을 풀어 놓고 가슴을 발로 밟고 팔을 앞으로 잡아당겨 뼈를 제자리에 돌아가게 하는 형벌이었다.

또 톱질이란 삼으로 꼰 밧줄을 맨살의 허벅다리에 감

아 두 사람이 한 끝씩 붙잡고 그것을 당겼다 늦췄다 하여 줄이 살을 파고 들어가 뼈에까지 사무치게 하는 것이었다.

팔 주리를 틀고서 포장이 "이래도! 이래도, 그(예수)를 모른다 하지 않을 테냐?" 하고 다그쳤을 때 대철이의 아버지가 뭐라고 입을 가늘게 열었다.

배교한다고 말하는가 싶어 포장은 대철이의 아버지 입 가까이에 귀를 갖다 대었다. 그러나 대철이의 아버지 입에서 흘러나온 소리는 전혀 다른 말이었다.

"주여, 이 죄를 저들에게 지우지 마소서."

톱질을 했을 때는 피가 질펀하게 대철이 아버지의 정강이를 적셨다. 줄이 뼈에 닿는 소리가 '드드득' 하고 나자 대철이 아버지는 눈을 번쩍 떴다.

"이제 맛을 알겠느냐?"

포장이 다가갔을 때 대철이의 아버지가 말했다.

"우리 대철이가 참 장하오. 이 엄청난 아픔을 견뎌 낸 걸 보면."

이렇게 모진 고통을 담담하게 이겨 내던 대철이의 아

버지가 서소문 밖 형장으로 끌려나간 것은 9월 22일 오후 4시 무렵이었다.

형장에는 그 전에 죄인들을 처형한 흔적이 남아 있어서 목 잘린 시체가 여기저기 흩어져 있고 머리가 땅에 떨어져 있거나 말뚝에 매달려 있거나 하였다.

대철이의 아버지는 함께 끌려나간 정하상 바울로 아저씨와 눈인사를 나눈 뒤 하늘을 한 번 우러러보았다. 그러고는 땅을 바라보면서 목을 늘여 놓자 금방 희광이의 칼이 지나갔다.

이때 대철이의 아버지 나이 49세였다.

이 날 포도 대장은 이 사실을 보고하러 우의정 김 대감을 찾아갔다. 겨울이 아직 멀었는데도 바람 끝이 차서 나무 이파리들이 우수수우수수 떨어졌다.

김 대감은 갑자기 변한 날씨 이야기로부터 입을 열었다.

"서리가 오지도 않았는데 삭풍이 먼저 부는 것 같구려."

"네. 나라에 자꾸 이상스런 일들이 잦으니 천신도 노했는 모양입니다."

"천신 얘기는 그만두시오. 천주학쟁이들이 하느님이라고 부르며 받든다는 말을 듣고부터는 하늘 천이란 말만 들어도 입맛이 달아나오."

"그렇잖아도 천주학 괴수 둘을 처형한 보고를 가지고 왔습니다."

"그래 그들은 어떻던가요? 죽는 마당에서는 발버둥을 치면서 살려 달라고 빌지 않던가요?"

"오히려 그 반대였습니다."

"반대였다고? 어떻게?"

김 대감이 담뱃대를 입에서 빼내었다. 담뱃불이 꺼져 있었다. 포도 대장이 황급히 성냥불을 그어서 갖다 대었다.

"괜찮소. 천주학 괴수들이 어떻게 죽었는지 그 얘기나 해 보시오."

"네. 그들은 확실히 무엇에 둘러 씌운 자들 같았습니다. 정하상이란 자는 얼굴 가득히 미소를 띠고 있었고, 유진길이란 자는 깊은 묵상에 잠겨서 이 세상 일에는 조금도 마음이 미치지 않고 있는 듯하였습니다."

"괴이한 일이로고……."

"참수하기 전에 제가 남길 말이 없느냐고 물었습니다. 그랬더니……."

"그랬더니?"

"정하상이란 자가 이렇게 말하였습니다. 육신은 죽여도 영혼은 죽이지 못하는 너희를 나는 두려워하지 않는다. 그러나 우리 주님은 영혼과 육신을 아울러 멸망시킬 수 있는 분이니 너희는 마땅히 두렵게 여겨야 하느니라고."

김 대감이 담배통을 재떨이에다가 냅다 때렸다. 담배통 모가지가 부러지고 담뱃재가 방바닥에 흩어졌.

"유진길이란 자는, 역관 유진길이란 자는 뭐라 하던가요?"

"대감님, 진정하십시오. 저는 다만 들은 대로 말씀 올리고 있을 뿐입니다."

"알고 있소. 어서 유진길이란 자는 무슨 말을 남겼는지 들은 대로 말하시오."

너 있는 곳에 · 165

"그 자는 생일 잔치를 우리한테 보여 주지 못해서 안됐
 다고 하였습니다."
"생일 잔치라니?"
"그러니까 저들이 이 땅에서 죽는 시각이 저 하늘에서
 태어나는 시각이라는 것이었습니다."
"고이헌지고! 당장 사헌부에 고해서 유진길 일가들의
 관직을 다 박탈하시오. 그리고 그의 처와 자식들도 남
 쪽 섬으로 귀양 보내시오. 참, 유진길의 뜻을 좇는 자
 식이 하나 옥에 있다고 했지요?"
"네, 그렇습니다. 유대철이라고 하는데 올해 열세살 난
 사내아이옵니다."
"그놈도 당장 형장으로 꺼내서 목을 치시오."
"대감님, 진정하십시오. 행위로 보면 그 아이도 마땅히
 참수해야 할 죄이오나……."
"그런데 왜 안 된단 말이오?"
"장안 민심이 흉흉할까 두렵사옵니다."

 포도 대장은 얼른 일어나 문갑 위에 있는 다른 담뱃대
를 가져왔다. 담배통에 담배를 꾹꾹 눌러 넣은 다음 불

을 붙여서 내밀었다.

　김 대감이 담뱃대를 받아서 길게 한 번 빨았다가 내뿜었다.

　연기가 안개처럼 방을 메우기 시작했다.
"그 아이의 나이가 몇 살이라고?"
"열세 살이라……. 하긴 너무 어리군……. 그 어린 녀석의 목을 여러 사람들이 보는 형장에서 친다면……. 그래 조정을 욕하는 백성들이 많아지겠군. 그렇다면 어떻게 한다?"
"대감님, 저에게 묘책이 있사옵니다."
"그 묘책이 무엇이오? 어디 들어 봅시다."
"어린 죄수 유대철은 그 동안 취조를 받는 동안에 태장을 맞고 주리를 틀려서 몸뚱어리는 거의 죽어 있사옵니다."
"그렇다면 옥에서 저절로 숨이 끊어지게 기다리자는 말인가요?"
"그렇습니다. 기다리고 있으면 곧 죽습니다. 그렇게 소문낼 필요 없이 옥 안에서 병치레한 것처럼 죽어 나가

너 있는 곳에 • 167

는 것이 가장 좋은 방법이옵니다."

"그러나…… 그러나 언제까지 죽지 않고 어린 녀석이 살아 있으면 어떡하오? 허망하다면 파리가 숨 놓은 것만큼이나 허망한 것이나 질기다면 또 그렇게 명주실처럼 질길 수가 없는 것이 사람의 목숨이오."

"한 달만 기다려 볼 생각입니다. 그래도 숨이 붙어 있으면 그때 가서 달리 처리할 방안을 마련해 내겠습니다."

"좋소. 당신만 믿으오."

우의정 김 대감이 먼저 자리에서 일어났다. 두 사람이 문을 열고 나오자 밖은 담배 연기 속의 방보다도 더 어두웠다.

"웬 갈까마귀들이 저렇게 많이 하늘을 덮었는고?"

"글쎄 말입니다. 꼭 가시넝쿨처럼 엉클어져 있군요."

두 사람은 이내 갈까마귀들의 그림자 속으로 사라졌다. 하늘과 땅을 덮고 있는 것은 온통 갈까마귀 떼의 울음소리뿐이었다.

시월 그믐날 새벽이었다.

최영이 아줌마는 인경 소리에 눈을 떴다. 새벽 달빛이 옥창을 통하여 홑이불처럼 바닥에 내려와 있었다.

찬바람을 느낀 최영이 아줌마는 가만히 소리나지 않게 일어났다. 덮고 있던 거적을 끌고 대철이 곁으로 다가갔다.

하루가 다르게 기운을 잃어 가고 있는 대철이였다. 어린 몸으로 옥에 갇혀서 제대로 먹지도 못한 데다가 태장을 맞고 주리를 틀리고 해서 온몸이 상처투성이니 살아 있는 것이 사실 기적인지도 몰랐다. 그러나 아버지 유진길의 참수 소식을 듣기 전까지는 그래도 우스갯소리도 하고 그러던 대철이가 아버지가 참수되었다는 소식을 듣고부터는 푹 주저앉은 풀집 같았다.

아침 저녁으로 한 덩어리씩 들어오는 주먹밥도 씹어 삼키지 못하고 찾는 것은 오직 물뿐이었다. 겨울 나무처럼 앙상하게 뼈만 남은 대철이를 바라볼 적마다 최영이 아줌마는 눈물밖에 나는 것이 없었다.

'주여, 저 어린아이에게 무슨 죄가 있습니까. 저 가련함으로 무엇을 더 나타내 보이고자 하십니까.'

그런데 대철이는 시월 하순께로 들면서 부쩍 정신이 가물가물해지는 것 같았다.

어른들도 견디기 힘들어 하는 팔 주리를 틀리고도 또록또록하게 눈을 뜨던 대철이. "너는 그걸 가지고 아마 고생을 많이 한 걸로 생각할 거다마는 그러나 큰 형벌에 비기면 네가 오늘 받은 고문은 아무것도 아니다." 하고 교우 한 분이 말하자, "알아요. 그것은 쌀 한 알을 쌀 한 말에 비기는 것과 같은 것이어요." 하고 말한 대철이.

그가 집 잃은 아이처럼 아버지를 찾으며 울기 시작했다. 동무들 이름을 부르며 키득키득 웃기도 했고 "예수님 미워." 해 놓곤 흐느끼기도 했다.

어쩌면 시월을 넘기지 못하게 되지나 않을까, 하고 최영이 아줌마는 걱정했다. 그것은 대철이의 맥을 짚어 보아서가 아니라 자신의 감이었다.

전에 없이 피가 자주 비쳤고 아기의 움직임 또한 점점 둔해졌다.

최영이 아줌마는 거적을 대철이의 몸에 덮어 주었다. 옥 안에서 죄수들이 깔고 덮고 자는 것은 모두가 거적이었다.

그때 자는 줄 알았던 대철이가 "아줌마." 하고 불렀다. 목소리가 낭랑한 것으로 보아서 대철이 또한 진즉 깨어 있었던 모양이었다.

"도련님, 물 좀 드릴까요?"

"아냐요. 괜찮아요. 오늘은 날씨가 참 좋겠어요. 달빛이 아주 명주천처럼 하얗잖아요. 아줌마, 나는 하느님께서 부르시려면 오늘 같은 날 불러 주었으면 좋겠어요."

"도련님, 무슨 그런 말씀을 하세요?"

"오늘은 날씨가 좋아서 하늘길 가기가 즐거울 것 같아서요."

"도련님……."

"아줌마, 저기 저 창 밖의 하늘로 날아가는 새가 뭐예요?"

"하늘 높이 떠 가는 것으로 보아서 기러기인 것 같군요."

"기러기는 가을에 우리 나라를 찾아오는 철새지요."

"그렇지요. 봄에 떠났다가 찬바람이 날 때 오지요. 그런데 왜 갑자기 그걸 물으세요?"

"나도 저 철새처럼 돌아오고 싶어요."

"네? 도련님, 지금 뭐라고 하셨어요?"

"지금 갔다가 다시 올 때는 꽃이 피어나 있었으면 좋겠어요."

"도련님은 이 나라가 지긋지긋하지도 않으세요?"

"아냐요. 아줌마."

대철이는 말을 하기가 힘이 드는지 한참 쉬었다.

"어른들이 잠시 악해서 그렇지, 땅은 참 순한 것 같아요. 어느 산, 어느 강이고 미운 것이 없잖아요?"

"그래요. 위에서 억누르는 사람들만 없다면 참 좋은 땅이지요."

"……"

"도련님이 오실 때 저도 같이 오고 싶군요. 그때 우리 성가를 부르며, 꽃을 뿌리며 이 나라 방방곡곡을 돌아다녀요. 네?"

그러나 대철이 쪽에서는 아무런 대답이 없었다. 최영

이 아줌마가 가까이 가 보니 대철이는 어느새 잠이 들어서 숨을 고르게 쉬고 있었다.

이 날 낮에 옥졸 둘이 대철이를 찾아왔다.

"너를 면회 온 사람이 있다. 특별히 허락되었으니 만나 보아라."

대철이가 고개를 갸우뚱하고서 물었다.

"누구인가요?"

"만나 보면 알 것 아니냐?"

옥졸은 전에 없이 부드러웠다. 대철이가 제대로 몸을 가누지 못하자 두 사람이 각각 겨드랑을 받쳐 끼고서 데리고 나갔다.

옥문 밖에서 대철이를 기다리고 있는 사람은 뜻밖에도 한조와 큰아기였다. 두 사람은 대철이를 보는 순간부터 눈물만 흘릴 뿐 말을 하지 못했다. 오히려 대철이가 입에 미소를 띠고서 위로하였다.

"울지 마. 내 먼저 우리 고향에 가서 기다리고 있을게."

한조의 눈이 동그래졌다.

"고향? 네 고향이 어딘데?"

"어디긴 어디야. 하늘나라이지."

큰아기가 고개를 끄덕이었다. 그러고는 두 손바닥 안에 감추고 있던 것을 대철이한테 살짝 보여 주었다. 그것은 대철이가 헤어지면서 준 고난의 묵주였다.

대철이는 문득 이 땅의 신앙이 재 속의 불씨처럼 살아 있을 것이라는 생각을 했다. 대철의 입가에 봄바람 같은 미소가 스쳤다.

옥졸이 서둘렀다.

"자, 이제 끝났어. 돌아들 가."

대철이가 옥졸한테 끌려가면서 말했다.

"부디 하늘에 죄짓지 말고 살아. '명심보감' 천명 편에도 있지. 하늘에 죄를 지으면 빌 곳이 없댔어."

그런데 두 옥졸은 대철이를 이제까지 최영이 아줌마와 함께 들어 있던 옥이 아닌 맨 끝에 비어 있는 옥으로 데려갔다.

한 옥졸이 쳐다보는 대철이의 맑은 눈을 수건으로 가렸다. 그러자 다른 옥졸이 주머니 속에서 노끈을 꺼내어 대철이의 목을 감았다.

이때 먼 데 떨어져 있는 최영이 아줌마의 옥에서 비명 소리가 '아악' 하고 흘러나왔다. 갑자기 쏟아져 나온 피로 최영이 아줌마의 무명 치마는 온통 새빨개졌다. 최영이 아줌마는 실신하면서 중얼거렸다.
"도, 도련니임……. 아, 아가……."
 서녘에 별이 하나 떠오르고 있었다. 이내 작은 별 하나가 또 나타났다.
 바람이 나뭇잎 새로 가만히 내다보고 있었다.

작가의 말
저 별을 향해 가는 좁은 길

사람들은 누구나 다 죽는다.

오래 살아야 1백 년을 넘기기 어렵다. 70세, 또는 80세를 살면 아깝지 않다고 하는데 어떤 사람은 그보다도 훨씬 이른 3, 40에서, 아니 20 안팎에서 이 세상을 떠나는 이도 있다. 더러는 아기 때 죽기도 한다.

사람의 목숨은 이렇듯 한정된 것이나 죽고 살고에 관계없이 오래오래 살아 있는 이름이 있다. 물론 죽은 육체와 함께 흔적없이 사라지는 이름이 이 세상을 다녀가는 사람들의 대부분이지만.

그러나 평범한 이 사람들은 그래도 자기 이름을 욕되

게 하고, 후손들까지 부끄럽게 하는 이들보다는 훨씬 낫다. 히틀러나 이완용처럼 인류를 위하여, 민족을 위하여 차라리 없었더라면 좋았을 사람들이 있지 않은가.

어둠이 깊을수록 별은 빛나게 마련이다. 어둠의 세력 속에서 빛을 밝힌 사람들이 있으니 간디와 안창호 같은 분들이다.

아직은 그런 경험이 없겠지만, 이 세상을 살다 보면 인생이라는 여정에는 경기장의 장애물과 같은 덫이 종종 놓여 있는 것을 알게 된다. 그 덫은 때로는 돈이라는 유혹이기도 하고, 명예라는 탐이기도 하고, 정욕이라는 욕망이기도 하다.

'무소의 뿔처럼 홀로 가라.'는 말이 있다. 이런저런 여러 길을 기웃거리지 말고 외롭고 고달프더라도 진리의 길을 가라는 독려이다. 설혹 진리를 따르는 사람이 가난과 박해를 불러오고 심지어는 하나뿐인 목숨을 빼앗기게 되더라도.

부정의 넋은 모래알과 같고 진리의 넋은 그 속에 숨어 있는 금과 같은 것이다. 모래는 걸러서 사라지나 금은 끝내 남아서 반짝인다. 유관순 누나를 누가 짧게 살다간 이라 하느냐. 김주열 오빠를 누가 짧게 살다간 이라 하느냐.

여기 '가시넝쿨에 돋은 별'에 나오는 유대철 성인은 1826년에 나서 1839년에 떠난 사람으로, 이 지상에서는 불과 13년밖에 살지 않은 분이다. 기록에 의하면 어린 몸에 고문 14회, 태형 600대, 치도곤 45대 이상을 맞았지만 신비하게도 기쁜 얼굴로 살아 있어 형리가 옥안으로 들어가 상처뿐인 이 가련한 소년의 목을 노끈으로 잡아매어 죽였다고 되어 있다.

그렇다면 영원히 죽고 말았는가. 아니다. 진리는 이기는 것이기 때문에 그후 150년 가까이 흐른 1984년, 교황 바오로 2세에 의해 가톨릭 교회의 최고 반열인 성인에 이르게 되었다.

물론 이 소설의 주인공은 자기가 믿는 종교에 순교를 한 것이지만, 다른 사람도 자기가 택한 길이 진리이며 옳다고 판단하였을 때는 목숨까지도 과감히 버려서 영원히 살고 있는 예를 드물게나마 보아오고 있다. 바로

이 길, 좁으나마 사람이 가야 할 길을 알려 주고 싶어서 이 작품을 쓰게 되었다.

오직 진리는 변하지 않고 영원하다는 것을 믿어다오. 진리로 가는 너의 길은 창창하다.

1993년 여름에

정채봉 씀

작가 소개

정채봉

1946년 전남 순천 바닷가 마을에서 태어났습니다. 수평선 위를 나는 새, 바다, 학교, 나무, 꽃 등 작품 속에 많이 등장하는 배경이 바로 그의 고향입니다.

어머니가 스무 살 꽃다운 나이로 세상을 버린 후, 아버지 또한 일본으로 이주하여 거의 소식을 끊다시피 해서 할머니의 보살핌 속에 유년 시절을 보냈습니다.

어린 시절 정채봉은 내성적이고 심약한 성격으로 학교나 동네에서도 맘에 맞는 한두 명의 친구가 있었을 뿐 또래 집단에 끼이지 못하고 혼자 우두커니 앉아 바다를 바라보는 시간이 많았다고 합니다. 어린 정채봉은 그렇게 상상의 나래를 펼쳐 나무와 풀, 새, 바다와 이야기하고 스스로

전설의 주인공이 되어 보기도 하는 '생각이 많은 아이'였습니다. 이른바 결손 가정에서 성장한 소년의 외로움은 오히려 그를 동심, 꿈, 행복을 노래하는 동화작가로 만들었던 것입니다.

고등학교에 들어간 정채봉은 온실의 연탄 난로를 꺼트려 관상식물이 얼어 죽게 만드는 사고를 치고 이내 학교 도서실의 당번 일을 맡게 되는데 이것이 그를 창작의 길로 인도하게 됩니다.

성장기 할머니 손을 잡고 '선암사'에 다닌 후로 줄곧 정채봉의 정서적인 바탕은 불교적인 것이었으나, 1980년 광주 항쟁 이후로 가톨릭에 귀의하여 가톨릭 신앙은 불교와 함께 정채봉의 작품에 정신적인 배경이 되었습니다.

동화작가, 방송 프로그램 진행자, 동국대 국문과 겸임교수로 열정적인 활동을 하던 정채봉은 1998년 말에 간암이 발병했습니다. 투병중에도 손에서 글을 놓지 않았으며 삶에 대한 의지, 자기 성찰을 담은 에세이집 『눈을 감고 보는 길』과 환경 문제를 다룬 장편동화 『푸른 수평선은 왜 멀어지는가』, 첫 시집 『너를 생각하는 것이 나의 일생이었지』를 펴내며 마지막 문학혼을 불살랐습니다.

평생 소년의 마음을 잃지 않고 맑게 살았던 정채봉 선생. 사람과 사물을 응시하는 따뜻한 시선과 생명을 대하는 겸손함을 글로 남긴 채 2001년 1월, 동화처럼 눈 내리는 날 짧은 생을 마감했습니다.

정채봉의 연보

1946　　　　전남 순천에서 출생
1971　　　　동국대학교 국문과 입학
1973　　　　동화 '꽃다발'로 동아일보 신춘문예 동화부문 당선
1975　　　　동국대학교 국어국문과 졸업
1978　　　　월간 '샘터' 편집부 기자
1982　　　　샘터사 기획실장
1983　　　　대한민국문학상(동화부문) 수상 『물에서 나온 새』
1984　　　　한국잡지 언론상(편집부문) 수상 월간 '샘터'
1985~1986　샘터사 출판부장
1986　　　　제14회 새싹문학상 수상 『오세암』
1986~1995　샘터사 편집부장
1988　　　　초등학교 교과서 집필위원
1988~2001　동화사숙 문학아카데미에서 후학 양성
1989　　　　불교아동문학상 수상 『꽃 그늘 환한 물』
1991　　　　동국문학상 수상 『생각하는 동화』
1990~1997　평화방송 시청자위원
1991~1997　동아일보 신춘문예 심사위원

1990	세종아동문학상 수상 『바람과 풀꽃』
1992~1997	공연윤리위원회 심의위원
1995~2001	계간지 문학아카데미 편집위원
1995~2000	조선일보 신춘문예 심사위원
1995~1996	샘터사 기획실장(이사대우)
1996~2000	샘터사 주간
1998~2001	동국대학교 문예창작과 겸임교수
2000	제33회 소천아동문학상 수상 『푸른 수평선은 왜 멀어지는가』
2000~2001	샘터사 편집이사
2001.1.9	별세
2001	『물에서 나온 새』 독일어판 출판
2002	『오세암(마고21)』 애니메이션 상영
2004	애니메이션 『오세암』 프랑스 안시 국제애니메이션 페스티벌 대상 수상
2005	성장소설 『초승달과 밤배』 영화 상영

정채봉의 작품들

1983	물에서 나온 새	샘터 | 대한민국문학상(동화)
1986	오세암	창작과비평사 | 새싹문학상
1987	초승달과 밤배 1,2	까치
1987	멀리 가는 향기	샘터
1988	내 가슴 속 램프	샘터
1989	꽃 그늘 환한 물	문학아카데미 | 불교아동문학상
1990	바람과 풀꽃	대원사 | 세종아동문학상
1990	향기 자욱	샘터
1991	나	샘터
1992	이 순간	샘터
1993	돌 구름 솔 바람	샘터
1994	참 맑고 좋은 생각	샘터
1995	나는 너다	샘터
1997	눈동자 속으로 흐르는 강물	문학아카데미
1988	숨쉬는 돌	제삼기획
1996	간장 종지	샘터
1993	바람의 기별	생활성서사

1989	모래알 한가운데	두산동아
1989	느낌표를 찾아서	두산동아
1992	내 마음의 고삐	두산동아
1993	가시넝쿨에 돋은 별	두산동아
1990/2001	그대 뒷모습	제삼기획 · 샘터
1994/2001	스무 살 어머니	제삼기획 · 샘터
1996	좋은 예감	샘터
1996	단 하나뿐인 당신에게	청년사
1997	사랑을 묻는 당신에게	청년사
1997	침대를 버린 달팽이	미세기
1998	처음의 마음으로 돌아가라	샘터
1998	콩형제 이야기	대교출판
1999	눈을 감고 보는 길	샘터
1999	호랑이와 메아리	대교출판
1999	코는 왜 얼굴 가운데 있을까	대교출판
2000	푸른 수평선은 왜 멀어지는가	햇빛 | 소천아동문학상
2000	너를 생각하는 것이 나의 일생이었지	현대문학북스
2001	하늘새 이야기	현대문학북스

그림 김동성 • 1970년 부산에서 태어나 홍익대학교 동양화과를 졸업했습니다. 그린 책으로는 「물에서 나온 새」「삼촌과 함께 자전거 여행」「안내견 탄실이」「종묘 너구리네」「간송 선생님이 다시 찾은 우리 문화유산 이야기」「비나리 달이네 집」 등이 있으며, 그림책으로는 「메아리」「엄마 마중」 등이 있습니다. 「엄마 마중」으로 백상출판문화상을 수상하였습니다. 현재 대학에서 학생들을 가르치면서 광고, 카툰, 애니메이션 등 다양한 분야에서 작품 활동을 펼치고 있습니다.

정채봉전집중단편 2

가시넝쿨에 돋은 별

1판 1쇄 인쇄 2007년 4월 10일 | 1판 1쇄 펴냄 2007년 4월 15일

글쓴이 • 정채봉 | 그린이 • 김동성 | 펴낸이 • 김성구

책임편집 • 조주영 | 디자인 • 윤희정 | 마케팅 • 손기주
제작 • 신태섭 | 웹관리 • 안행미 | 홍보 • 이민경 | 관리 • 양지숙
인쇄 • 서진인쇄 | 제본 • 문원문화사 | 용지 • 월드페이퍼
펴낸곳 • (주)샘터사 | 등록 • 2001년 10월 15일 제1-2923호
주소 • 서울 종로구 동숭동 1-115 (110-809)
전화 • (02)763-8963 아동서부 (02)742-4929 영업부 | 팩스 • (02)3672-1873
e-mail • kidsbook@isamtoh.com

ⓒ글 • 김순희, 그림 • 김동성, 2007
ISBN 978-89-464-1638-3 ISBN 978-89-464-1649-9(세트)

이 도서의 국립중앙도서관 출판시도서목록(CIP)은
e-CIP 홈페이지(http://www.nl.go.kr/cip.php)에서
이용하실 수 있습니다. (CIP제어번호 : CIP2007001064)

이 책은 저작권 법에 의해 보호를 받는 저작물입니다. 이 책에 수록된 글과 이미지를
사용하고자 할 때에는 반드시 저작권자와 샘터사의 서면 허락을 받아야 합니다.